아름다운 예문과 함께하는
국어사전에 숨은 예쁜 낱말

초판 1쇄 인쇄 • 2017년 9월 30일
지은이 • 이승훈
펴낸이 • 이승훈
펴낸곳 • 해드림출판사
주 소 • 서울 영등포구 경인로82길 3-4(문래동1가 39)
　　　　센터플러스빌딩 1004호 (우편07371)
전 화 • 02-2612-5552
팩 스 • 02-2688-5568
E-mail • jlee5059@hanmail.net

등록번호 • 제2013-000076
등록일자 • 2008년 9월 29일

* 책값은 표지에 있습니다
* 잘못된 책은 바꿔드립니다

ISBN 979-11-5634-228-1

아름다운 예문과 함께하는

국어사전에 숨은 예쁜 낱말

이승훈 저

해드림출판사

펴내는 글

고급스러운 우리 낱말

요즘 젊은 세대는 아주 자연스럽게 소중한 우리말을 파괴하여 사용한다. 트위터 등 SNS에 올라온 젊은이들의 글은 누군가 해석해주지 않으면 무슨 뜻인지 이해할 수가 없다. 표현이 거친데다 도무지 기성세대들은 알아들을 수조차 없는 말들이다. 그뿐만이 아니라 사회적 정서가 삭막해진 탓인지 인신 공격적인 막말도 난무한다. 심지어 정치 지도자들도 서슴없이 막말을 뱉어낸다.

고운 우리 낱말을 사용하는 습관은 메마른 사회적 정서를 풍요롭게 하는 데 도움이 될 것이다. 선하고, 묘사적이고, 순화된 낱말 사용은 그 사람의 품위요, 인품이요, 인성이 된다. 일상화된 낱말의 빈약함에서 언어 파괴와 막말의 부작용이 일어난다 해도 과언이 아닐 것이다. 그런데 우리 국어사전에는 참으로 부드럽고, 품위 있고, 아름다운 낱말이 사람들의 입에 오르내리지도 못한 채 깊이 묻혀 있다.

필자가 사용하는 네이버 블로그에는 네이버 사전에서 수년 동안 틈틈이 검색한 고급스러운 우리 낱말이 현재 4,700여 개가 보관되어 있다. 따라서 여기 제시하는 시어처럼 아름다운 낱말이나 고급스러운 우리 낱말은 실제 국어사전에 등재된 낱말들이다.

참고로 순우리말의 경우 일부는, 그 낱말의 아름다움에도 사전에는 정식 등재되어 있지 않아서 문장에 활용하기가 머뭇거려진다.

국어사전에서 낱말을 검색하다가 예쁜 우리 낱말을 만나면 100년 전쯤의 수줍어하는 시골 처녀를 만나는 듯 신비롭다. 낯설어서 신선하고, 설레고 반갑기 그지없다. 이 낱말 하나가 문장 하나 혹은 글 전체를 품위 있게 해줄 거 같아 자꾸 문장도 지어보게 된다. 아름다운 낱말이 상용화되지 못한 채 지금껏 묻혀 있었던 것이니, 마치 내가 만들어 등재한 낱말이거나 내가 발견한 보석처럼 느껴진다. 생경한 우리 낱말 하나에서 얻는 행복이 크다.

우리 낱말에는 묘한 매력이 있다. 누구든 예쁜 우리 낱말에 빠지면 쉽게 빠져나가지 못한다. 필자가 아름다운 우리 낱말과 친하게 된 것은 임병식 수필가의 낱말 노트를 통해서다. 그는 수필을 쓰면서 수십 년 동안 노트에다 빛나는 우리 낱말을 적어왔었다. 우연히 그 노트를 만나게 된 이후 나도 모르게 신선하고 아름다운 우리 낱말을 찾아내는 데 빠져버렸다.

문장 짓기는 해당 낱말이 명사인지 형용사인지 부사인지 동사인지 그 품사에 맞게 활용을 하여야 한다. 여기 낱말에는 거의 품사 표시를 하지 않았지만, 예문들은 모두 품사에 맞게 활용하였다. 다만 품사가 헷갈리는 일부 낱말에는 품사를 적어두었다.

앞으로 시간이 될 때마다 새로운 낱말의 문장을 만들어 이 책을 시리즈로 낼 생각이다.

아름다운 우리 낱말을 찾아 문장 짓기를 해보는 것은 단순히 문장력 훈련에 그치는 게 아니라 다음과 같은 좋은 면도 있었다.

1. 좋은 문장을 만들기 위해 뇌세포와 감성을 애써 움직여야 한다. 요즘 무언가를 자꾸 까먹는 이들에게 상당한 도움이 된다.
2. 문장을 짓다 보면 문장에 맞는 지난 상황이나 현재 주변 상황을 기억해 내려 애쓴다.
3. 흡족한 문장이 지어졌을 때의 만족감은 마치 아름다운 시 한 편을 지은 듯 행복하고 일상의 번뇌를 치유한다.
4. 문장을 잘 다루는 훈련은 좋은 글을 창작하는 데 기본이다.
5. 짧은 한 문장을 쓰는 것이니 짧은 시간에 부담 없이 즐긴다.
6. 한 번 썼던 문장도 좀 더 나은 문장으로 계속 고쳐가며 '수련' 할 수 있다.
7. 품위 있고 멋진 우리말을 공부하고 습득할 수 있다.

2017년 9월
해드림출판사 사무실에서

꽃발

짐승이 잠잘 곳이나 숨을 곳을 찾아갈 때 그곳을 다른 짐승이나 사람에게 들키지 아니하려고 길을 빙빙 둘러서 가는 일.

-마을 앞 강물은 마치 꽃발처럼 엔굽이쳐 바다로 나간다.
-속내를 감춘 채 꽃발처럼 다가왔으니 그녀의 마음을 알아차리는 데는 시간이 좀 걸렸다.
-사랑을 찾아갈 때 지나치게 드러내기보다 은근히 꽃발처럼 다가가야 할 때가 있다.
-누군가 자신을 쫓아온다는 느낌이 들 때, 그녀는 꽃발 운전을 하며 돌아오곤 하였다.

문장 짓기

천사슬(天)

잔꾀를 부리는 일 없이, 저절로 되어 가도록 내버려 두는 일.

-아름다운 강을 파헤쳤으니 천사슬로 쌓였던 은빛 모래와 에굽이친 곡선들이 사라져 버렸다.

-잊으려 애쓰지 않아도, 천사슬의 시간은 그녀를 기억 속에서 떠나보낼 것이다.

-여의도 샛강에는 천사슬로 무성해진 수풀이 밀림 같은 분위기를 자아낸다.

-논도랑에는 천사슬로 자란 돌미나리가 풀숲처럼 듬쑥하게 자라있다.

-야생에서 천사슬로 자란 뽕나무에는 어른 엄지손가락만한 오디가 주렁주렁 달려 있었다.

-야생에서 천사슬로 자란 사람처럼 그에게는 늘 숲속 바람 냄새가 났다.

문장 짓기

 봄뜻

봄이 오는 기운.

-내 영혼의 기쁜 손님이여, 봄뜻처럼 오소서.

-봄뜻이 스며오기 시작하면 우리 가슴에서도 가만하게 피톨들이 폴딱인다.

-겨울을 어찌나 싫어하는지 봄뜻이 비끼기 시작하면 벌써 나는 기운이 솟듯 우둔거린다.

-봄뜻을 머금은 햇살이 겨우내 풀기 죽었던 나목들을 어루만지고 있었다.

-봄뜻을 머금은 햇살이 자귀나무 꽃술처럼 부드럽다.

문장 짓기

📖 저녁뜸

> 저녁 무렵 해안지방의 해풍과 육풍이 바뀔 즈음 바람이 한동안 자는 현상.

-저녁뜸 평화처럼 당신께 올리는 기도

-저녁뜸이면 내 마음은 역마살이 낀 듯 어디론가 떠나고 싶어 견딜 수가 없다.

-무언가 일어날 듯한 시간이면서 어디론가 떠나고 싶은 시간, 그러면서도 사로잡히도록 평화로운 시간이 바

닻가 저녁뜸이다.

-방파제의 테트라포드에 앉아 저녁뜸 바다를 바라보면 지나온 삶의 질곡들이 망연히 떠오르곤 한다.

문장 짓기

 뜸

한동네에서 몇 집씩 따로 모여 있는 곳(같은 말-각단).

-당산 모퉁이 바깥뜸 그녀의 집을 지나치면 언제나 울렁증이 일었다.
-달밤이면 안뜸에서 들리는 개 짖는 소리가 내 편지 속으로 들어가곤 하였다.
-강원도 산골 마을은 안뜸과 바깥뜸으로 흩어져 있기도 하다.

문장 짓기

📖 건너뜸

건너편의 작은 마을(건너뜸과 아래뜸, 위뜸은 또 다른 마을. 안뜸과 바깥뜸은 한마을 안에서의 위치).

-저 바다 건너뜸 섬에는 남모르는 그리움 하나 있어, 밤이면 육지를 향해 아련하게 반짝인다.
-고향 마을 안뜸에는 노모 홀로 풍경처럼 살아간다.
-어릴 때 살던 집은 마을 바깥뜸이어서 언제나 고즈넉하였다.

문장 짓기

📖 바람살

세차게 부는 바람의 기세.

-소나기 떼를 몰고 온 바람살이 힘겨워 앵돌아진 할미꽃이 처연하다.
-꽃샘추위의 바람살을 '꽃샘바람떼'라고 표현하고 싶다.

-세상 바람살은 안차지 못한 그 소녀를 꺾고 말았다.

-홀로 뒤척이는 밤, 밤새 요란한 바람살이 귀신 울음소리를 내며 창문을 두드려댔다.

문장 짓기

 에너르다

크게 에둘리어 너르다.

-치친 마음을 뉘고자 내려간 시골에서조차 백발이 두려움을 일으키는 밤이면, 자정이 넘어서도 마을 앞 에너른 벌판을 걸으며 묵주기도를 하곤 하였다.

-맛문해진 영육을 이끈 채 에너른 들판 길을 산책하다가 미루나무 아래서 5월 바람의 신령한 평화를 만났다.

-부유한 영혼의 영혼, 어렸을 때부터 에너른 집에서 자랐으니 그녀는 가난을 모를 것이다.

-노모 홀로 사는 비손의 집, 시골집 마당에 내려서서 고개를 드니 에너른 밤하늘 별들이 무트로 빛난다.

문장 짓기

 안차다

겁이 없고 야무지다. (비교: 올차다)

-철 공작 마을 문래동 골목길에는 담벼락 틈새를 비집고 안차니 뿌리 내린 오동나무들이 철의 굳센 성정을 나타내듯 여기저기서 눈길을 끈다.
-어떤 백발이 괴롭혀도 삶을 안차니 꾸리다 보면 세상을 우꾼우꾼 들어 올릴 날이 꼭 온다.
-북한 소녀 하경이는 안찬 구석이 없어서 이 험한 세상을 어찌 헤쳐 갈지 걱정이다.
-임지인 장편소설 [화이트 로즈 녹턴] 속 경순은, 어린 시절 보육원에서 목련꽃 같은 설다윗을 안차니 보호한다.

문장 짓기

애잇머리

맨 첫 번.

-살아가는 일이 묵직할 때 나는 노모 홀로 있는 시골집으로 간다. 거기서 듣는 닭잦추는 소리, 새벽이 되면 애잇머리로 들려오는 그 소리를 들으면 힘이 솟는다.
-밭은 아침이면 애잇머리로 메모를 한다. 오늘 애잇머리로 해야 할 일부터 챙기는 것이다.
-소년은 그녀를 스치기만 해도 봄의 애잇머리 꽃처럼 설레는 가슴을 어찌할 줄 몰랐다.
-아내와의 이별, 그것은 삶의 처절한 상처들 가운데 애잇머리 상처였을 뿐이다.
-어버이날 눈을 뜨니 애잇머리로 떠오른 노모지만, 당신께 못다 한 일들이 어깨다툼하며 올라온다.

문장 짓기

앵돌아지다 [동사]

1. 노여워서 토라지다 2. 휙 틀려 돌아가다 3. 날씨가 끄물끄물해지다.

-북두칠성 꼬리별인 요광이 앵돌아진 것은 시집가는 엄마가 싫어서 토라진 막내라는 전설이 있다.

-어제오늘 설핏 말이 없음을 느꼈더니, 무슨 일인지 그녀는 또 앵돌아져 있었다.

-요즘 자주 내 영이 부유스름하다. 곧 비가 올 듯 앵돌아진 하늘을 보니 급히 우울해진다.

-안양천을 걷다가 석양 아래 앵돌아진 해바라기의 눈물을 보았다.

-언제부턴가 앵돌아져버린 인생이지만 그가 희망과 꿈을 내려놓는 일은 결코 없다.

문장 짓기

 영피다 [동사]

기운을 내거나 기를 펴다. 잘못된 표현-영피우다

-저 가운데 나를 던지고 싶은 신록의 5월, 세상천지 연둣빛이 영피어 눈이 시리다.
-애옥살이로 움츠린 삶이 이제는 영피어지기 시작한다.
-한동안 시르죽어 지내던 녀석이 슬슬 영피어진다.
-기도 속 신비로운 이향이 어두웠던 심령을 영피니 당신의 은혜로운 알음이다.

문장 짓기

 웃음살

웃음으로 얼굴에 번지는 환한 기운.

-하루하루 감사하며 살다 보면 늘 웃음살을 띠게 한다.
-동살은 하늘의 아침 웃음살이다.
-이른 아침 나팔꽃이 열리면 깊숙이 들어앉은 웃음살이 눈부시다.
-그녀의 웃음살이 어두운 나를 밝게 한다.
-나팔꽃 깊숙이 들어앉은 빛살/멍울이 열리면/웃음살
-5월 성모님의 웃음살은 백합

국어사전에 숨은 예쁜 낱말

문장 짓기

 웃음빛

웃는 얼굴의 표정. 또는 웃는 낯빛.

-복사꽃 같은 웃음빛과 빨간 뿔테 안경이 어우러져 그녀는 아름다운 여신 같았다.
-해바라기 같던 그녀의 웃음빛을 잊지 못한다.
-아이들의 얼굴에는 늘 별빛 같은 웃음빛이 환하였다.
-그녀의 웃음빛은 얼굴 가득 동살처럼 퍼져 나온다.

문장 짓기

 찬물때

밀물이 가장 높은 해면까지 가득 차게 들어오는 현상(=

만조).

*'차갑다'의 차다가 아니라 '가득 차다'의 의미
-찬물때가 된 강둑에서 눈부신 윤슬을 바라보고 있었다.
-찬물때가 되면 세상 기운도 차오른다.
-휘영청 달 밝은 찬물때가 되면, 고향 강둑을 걷고 싶어 가슴이 설렌다.
-찬물때가 되면 한강도, 여의도 샛강도 수위가 오른다.
-찬물때가 되면 도도하게 밀려오는 기운이 두렵기조차 하다.

문장 짓기

 꽃잠

1. 깊이 든 잠.
2. 결혼한 신랑 신부가 처음으로 함께 자는 잠.

-여행에서 돌아와 긴 꽃잠을 잤다.
-밤새 원고를 쓰다가 꽃잠이 들었다.

-몰디브의 에메랄드빛 꽃잠 때, 풀잎이 흔들리는 듯한 아내의 숨소리를 기억한다.

| 문장 짓기

 다라지다

여간한 일에 겁내지 아니할 만큼 사람됨이 야무지다.

　-이제는 어떤 시련에도 다라질 만하거늘 여전히 유약한 자신을 본다.
　-아스팔트 틈새 제비꽃이 다라지게 보인다.
　-북한에서 온 하경이는 안차고 다라진 열다섯 소녀이다.
　-오랜 고난이 오늘의 다라진 그로 바꾸었다.
　-아들 녀석은 조금도 다라진 맛이 없어 무슨 큰일을 할까 싶다.

| 문장 짓기

📖 위아랫물지다

1. 두 가지의 액체가 서로 섞이지 아니하고 나누어지다.
2. 나이나 계급의 차이로 서로 어울리지 아니하다.
3. 말이나 행동이 앞뒤가 맞지 아니하다.

- 오랫동안 위아랫물지듯이 데면데면 살아왔다.
- 말과 행동이 위아랫물지면 주변에서 외면당하기 십상이다.
- 위아랫물진 나이 차에도 결국 결혼을 하는 모양이다.
- 누군가에게 가슴 설레는 첫사랑이었을 한마을 소녀들이, 어느새 위아랫물져 살아가는 중년이라니.

문장 짓기

📖 알겯다

암탉이 알을 낳을 무렵에 골골 소리를 내다.

- 아내는 밤새 알겯는 신음을 내며 앓았다.

-날마다 초승달이 알겯는 소리를 내며 몸을 부풀린다.

-백합 꽃봉오리에서 밤새 알겯는 소리가 들리는 듯하더니 이른 아침 꽃봉이 터지고야 말았다.

| 문장 짓기 |

 지상미(至上美)

더할 나위 없는 아름다움.

-지상미를 지닌 나의 신부.

-웃음살 가득 번진 모습으로 내게 나타난 그녀는 지상미 그 이상이었다.

-지상미를 지닌 백합, 당신께서 주신 그 향기는 내 영혼의 기쁜 손님

| 문장 짓기 |

 **끌끌하다**

마음이 맑고 바르고 깨끗하다.

-눈부시도록 맑고 깨끗한 달을 보면 끌끌한 성정을 지닌 선비를 보는 듯하다.

-나이가 들수록 끌끌한 사람이 되어야 하는데, 늙어서도 울뚝배기로 남을까 두렵다.

-요즘 영성이 해읍스름해져 영혼에서 앓곁는 소리가 들린다. 끌끌한 영성일 때가 얼마나 행복하였나. 다시 영을 추스른다.

-끌끌한 인품으로 오랫동안 내 곁을 지켜준, '마산선비' 한판암 교수님

-묵묵하게 일하는 그는 참속이 끌끌한, 요즘 보기 드문 젊은이다.

| 문장 짓기

📖 풋낯

> 서로 낯이나 익힐 정도로 앎. 또는 그 정도의 낯.

-도서관에서 잠깐 풋낯이나 익혔을 뿐인데 그녀 생각이 끈하게 일어나니 나도 모를 일이다.
-사랑은 거니챌 수 없이 찾아온다. 풋낯에도 사랑은 돌개바람처럼 인다.
-풋낯조차 인연하지 못한 채 그만 시들어버린 제비꽃들이 처량하다.
-초여름 밤, 겨우 풋낯을 보인 별들이 부잇한 구름 속으로 숨어버렸다.
-며칠 풋낯이나 익혔는데 그런 부탁을 해오는 것을 보면 사정이 어지간히 밭은 모양이다.

| 문장 짓기 |

📖 물낯

> 수면(水面).

-바람이 불어오자 달을 품은 물낯이 일그러진다.

-물낯에도 말의 상처가 생긴다.

-세상은 언제나 나를 위해 잠길 준비가 되어 있다. 비가 온 뒤 골목길 웅덩이의 물낯에도 세상은 잠긴다.

-윤슬이 뛰노는 물낯 같은 표정.

 문장 짓기

 발씨

길을 걷는 데 발걸음이 익은 정도.

* 관용구-발씨(가) 서투르다: 잘 다니지 아니하던 길이어서 익숙하지 못하다.

* 관용구-발씨(가) 익다: 여러 번 다니던 길이라 익숙하다.

-아무리 오랫동안 떨어져 있어도 여전히 고향 시골에는 발씨가 익지만, 아무리 오랫동안 살아도 도시에는 발씨가 서투르기만 하다.

-저는 여전히 당신께 가는 발씨가 서투릅니다. 저의 자

유의지를 버린 채 당신께 의탁하기를 원합니다.

-서로 조금씩 마음의 밭씨를 익혀가더니 그들 사랑이 초여름 해당화처럼 익어가다.

문장 짓기

 단물나다

옷 따위가 오래되어 빛깔이 바래고 바탕이 해지게 되다.

-내 곁을 떠난 지 오랜 세월이 흘러도 단물날 수 없는 그리움을 어쩌랴. 언제나 오월의 아침 풀잎처럼 새물내로 피어나는 그대여.

-고향 마을의 하늘과 바람과 별들과 바다와 뒷산은 아무리 오랫동안 보아와도 단물날 수 없는 풍정이다.

-오랜 세월 앞만 보며 달려왔으나 여전히 단물나는 삶이다.

-사귄 지 오래된 탓인지 그들 사랑이 단물나는 듯해 보인다.

-수필을 쓰다 보니 새물내 나는 표현은 없이, 단물나는

생각들로 가득하다.

> 문장 짓기

 새물내

빨래하여 이제 막 입은 옷에서 나는 냄새.

- 날마다 새물내 나는 당신 사랑이게 하소서.
- 날마다 새물내 나는 하루를 입다.
- 그의 글에서는 언제나 새물내가 난다.

> 문장 짓기

 애나다

안타깝고 속이 상하다.

-진도 바다 속 꽃잎들을 생각하니 애나서 견딜 수가 없다.
-꽃잎 떨어져 애난 자리.
-시리아 3살 어린이 '아일란 쿠르디'의 애난 소식으로 많은 이가 여러 날 밤을 팼을 것이다.

문장 짓기

 패다

(주로 '밤'을 목적어) …을 새우다(한숨도 자지 아니하고 밤을 지내다).

-세월호 침몰 서른다섯 날 내내, 가슴을 할퀴며 밤을 팬 엄마들
-요즘 바쁜 일로 밤을 패는 날이 잦아졌다.
-여러 날 밤을 패며 몸부림치다가 피어난 꽃들.

문장 짓기

 날

아주 길이 잘 들어 익숙해진 버릇이나 짓.

-술 마시는 데 날이 난 그일지라도 세월 앞에서는 어쩔 수 없는지 몸을 가누지 못한다.
-가슴 차가운 데 날이 난 그녀지만 이번에는 기어이 눈물을 보였다.
-이제는 날이 났을 법도 한데 아침마다 떠오르는 태양은 내 앞에서 여전히 수줍어한다.

문장 짓기

 발씬발씬

숫기 좋게 입을 벌려 소리 없이 방긋 웃는 모양.

-어쩌다 시골집 마당에서 만나게 된 보름달은 발씬발씬 웃으며 나를 내려다본다.
-불그스레한 볼과 미소를 지닌 아녜스, 그녀가 발씬발

씬 웃을 때면 주변이 온통 환해졌다.

-안양천 언덕 아래 발씬발씬 웃으며 서 있는 부용화들이 멀리서도 화사해 보인다.

-발씬발씬 웃으며 솟아나는 아침 해가 도시를 향해 동살을 쏟아낸다.

-캠퍼스에서 마주칠 때면 발씬발씬 웃기만 하던 그녀 모습이 지금도 내 안에서는 해바라기처럼 피어 있다.

문장 짓기

 한소끔

1. 한 번 끓어오르는 모양.
2. 일정한 정도로 한 차례 진행되는 모양.

-한소끔 끓어오른 신령한 기쁨
-가슴 위로 한소끔 끓어오른 뜨거움이 식어갔다.
-한소끔 자다
-한소끔 되게 앓다

문장 짓기

 꽃물

일의 긴한 고빗사위.

-날마다 꽃물 같은 시간을 보내며 가슴 조이던 때, 비 오는 날의 가로등처럼 내 곁에 서 있던 그댈 잊지 못하네.
-형의 병세가 꽃물로 치달으면서 내 슬픔은 걷잡을 수 없이 떠돌았다.
-태양이 바다 끝에서 꽃물로 치달을 즈음이면, 바닷가를 배회하던 그녀는 넋이 나간 듯 흐느적거렸다.
-꽃물로 맞닥뜨린 사랑 앞에서 어쩔 줄 몰라 하던 그녀가 서서히 마음을 다잡기 시작하였다.
-살아가는 날이 고단할수록 우리 관계는 꽃물로 치달을 때가 잦았으나 당신의 은총으로 지금껏 잘 견뎌왔다.
-어떤 일이 꽃물로 치닫더라도 너는 담대함을 잃어서는 안 된다.

문장 짓기

 새뜻하다

새롭고 산뜻하다.

-5월 잎새 바람은 늘 새뜻하였다.
-날마다 꽃물 같았던 겨울이 떠났다. 이제 다시 새뜻이 시작한 3월의 새벽 다섯 시 반을 맞이한다.
-아이의 새뜻한 옷에서 새물내가 났다.

문장 짓기

 어둑서니

어두운 밤에 아무것도 없는데, 있는 것처럼 잘못 보이는 것.

-늦은 밤 긴 안양천과 한강을 걸으며 하는 밤길 기도에서는 언제나 어둑서니를 만난다.

-어둑서니가 자주 보인다는 것은 내 안의 어둠이 깊다는 뜻이다.

-날마다 허기진 시절에는 유독 어둑서니가 자주 나타났다.

문장 짓기

 세월없다

언제 끝날지 짐작이 가지 아니할 정도로 일이 더디다.

-여름밤 초저녁부터 세월없이 흐르던 달이 어느새 서산으로 기울어 갈 즈음, 나는 장편소설 [화이트 로즈 녹턴]을 덮을 수 있었다.

-젊은 날 세월없이 이어지던 공부가 결국 헛된 시간이 되어 버렸다.

-3년 전부터 쓰기 시작한 원고가 세월없이 이어져, 오늘도 나는 붓방아만 찧는다.

-향일암 동백 숲에는 뚝 뚝 세월없이 떨어지는 동백꽃이 처연하다.

-세월없이 이어지는 세월호 실종자 수색이 안타까울 뿐이다.

-사업을 하다 보면 제자리걸음이 세월없이 이어지는 듯하지만, 열심히 땀 흘리다 보면 어느 순간부터 무언가 둔덕처럼 쌓여 있음을 느끼게 된다.

문장 짓기

 이내

해가 질 무렵 멀리 보이는 푸르스름하고 흐릿한 기운.

-이내가 내려앉은 마을 뒷산을 바라보자니, 세상 떠난 형의 빛깔이 거기 서려 있었다.

-열차를 타고 고향 어머니께 내려가는 길, 차창 밖 멀리 스치는 산자락에는 벌써 이내가 내려앉아 있었다.

-건너뜸 섬 위로 이내가 내려앉을 무렵이면 마치 요정들의 시간처럼 몽환적인 시간이 되었다.

| 문장 짓기

 배냇불행

타고난 불행.

- 아침마다 장애인 학교 앞 풍경을 보면, 자식의 배냇불행을 안은 어머니들은 천사 같다는 생각이 든다.
- 사랑하는 날보다 상처 되는 날이 잦은 그들 인연은 배냇불행이었을까.
- 배냇불행처럼 달라붙은 가난에도 그는 끝내 아침 해를 품었다.
- 누구에게나 배냇불행 하나는 있다. 다만 그 짓누르는 무게가 다를 뿐이다.
- 목련의 배냇불행은 너무 일찍, 너무 잔인하게 꽃이 진다는 것이다.

| 문장 짓기

📖 꽃이슬

꽃에 맺힌 이슬.

-영혼이 맑으면 삶이 이루 말할 수 없이 행복하다. 그래서 자주 기도한다. 제 영혼, 꽃이슬처럼 영롱하게 하소서.

-동살이 퍼질 즈음 안양천을 산책하며 가졌던 '꽃이슬의 아침이 있는 여유', 다시 찾고 싶다.

-헤어지기 싫어 손주가 시무룩해졌다. 아이의 눈에는 꽃이슬처럼 눈물이 맺혀 있었다.

문장 짓기

📖 새득새득

꽃이나 풀 따위가 조금 시들고 말라서 생기가 없는 모양.

-순명하듯 한결같이 기도 생활을 이어가는 아내와는 달리, 요즘 나는 스스로 들여다보아도 한때 충만하던 영성

이 새득새득해졌다. 그분의 사랑이 새득새득해진 탓이다.

　-날마다 삶의 풀기가 새득새득 해지지 않도록 자신을 향하여 늘 깨어 있어야 한다.

　-겨우내 햇살을 즐기지 못한 사무실 화초들이, 사랑 받지 못한 여인처럼 새득새득해져 연민을 자아낸다.

　-어제 받은 생일 꽃들이 벌써 새득새득하니 풀기가 죽었다.

　-웃음꽃이 작작하던 그녀가 요즘 내게 새득새득한 느낌을 풍긴다.

 문장 짓기

 티끌세상

정신에 고통을 주는 복잡하고 어수선한 세상.

　-티끌세상에서 이슬처럼 살 수는 없어도 영을 맑히면 티끌세상도 푸른 숲이다.

　-지금 내가 겪는 이 티끌세상, 누구 탓인가. 감사할 줄 모르는 내 탓일 뿐.

-가끔 깊은 숲속 솔잎의 바람 소리를 꿈꾼다. 이 티끌세상을 버리고 산속으로 들어갈까.

-아무리 고단한 티끌세상이어도 내 살아가기 나름이지.

-세상 본질이 티끌세상, 하늘 가득 빛나는 별들도 이 티끌세상의 한 편이다.

-티끌세상도 즐기면 내 인생의 푸른 숲이다

-기도하는 삶을 살아가면 티끌세상도 온통 감사한 일 뿐이다.

-단비는 어서 이 티끌세상을 떠나 바람 잦은 소나무 숲 속에서 살고 싶다.

문장 짓기

앞생각

앞으로 닥쳐올 일에 대한 생각.

-일요일 오후가 되면 벌써 월요일 앞생각이 마음을 짓눌렀다.

-다가올 일들이 두려울지라도, 언제나 그분을 떠올리

며 앞생각을 밝게 하였다.

-자주 마시는 술은 영을 흐리게 한다. 영이 맑지 못할 때 괜한 앞생각이 자신을 두렵게 한다.

-선뜻 헤어질 수 없는 까닭은, 하나의 인연이 정리되기까지 겪어야 할 앞생각의 중압감 때문이기도 하다.

문장 짓기

 풀치다

> 맺혔던 생각을 돌려 너그럽게 용서하다.

-아무리 풀쳐 생각하려 해도 그녀의 소용돌이치는 어둠을 끌어안기가 여간 어려운 일이 아니다.

-풀칠 수 없을 줄 알았던 미움도 오랜 기도로 풀어낼 수 있다.

-미워하는 마음을 풀치지 못하면 그것이 바로 상처가 되는 것이다.

-용서와 감사로 풀쳐 먹으면 그것이 무거운 짐을 내려놓는 일이다.

문장 짓기

데생각

찬찬히 규모 있게 하지 아니하고 얼치기로 어설프게 하는 생각.

-젊은 날의 데생각이 많은 시행착오를 겪게 한다.
-숲 속 어둠처럼 앙금, 데생각으로 풀릴 일이 아니지 싶다.
-영미는 술에 취해 데생각으로 결혼을 약속해버렸다.
-사업하는 사람이 데생각을 앞세우다 보니 늘 실패가 따른다.

문장 짓기

📖 앉은벼락

> 생각지 아니하게 갑자기 당하는 큰 불행을 비유적으로 이르는 말.

-붉은 칸나여, 우리 가족이 겪은 앉은벼락의 고통을 조금이라도 이해한다면, 너는 그리 장독가에서 키 크게 피어나지 못하지.

-앉은벼락의 트라우마를 이겨가며 쓴 수필집이 [가족별곡]이다.

-앉은벼락이 따로 없지, 옥상에서 뛰어내린 이에게 부딪혀 안타깝게도 세상을 떠난 공무원이 있었다.

문장 짓기

📖 동띠

> 서로 힘이 같음. 또는 서로 같은 힘.

-물은 위에서 아래로 흐른다. 맑은 하늘에서 별이 뜬다.

세상 또한 동띠로 살아갈 수 없는 것이 자연의 순리다.

-해와 달이 동띠일 수 없듯이 나는 그들을 내 신분으로 바라볼 수는 없을 것이다.

-바람에 흔들리는 풀잎들도 굽이가 다르듯이, 같은 땅에서 살아간다고 하여 그와 내가 동띠일 수는 없으나 그는 언제나 내게 반쯤 무릎을 꺾었다.

-삼라만상의 미물조차도 그분 아래서야 동띠일 수 없는 것이 있으랴.

-해드림출판사와 그 출판사가 독자 앞에서 동띠를 낼 수 있는 날이 곧 올 것이다.

문장 짓기

힘빼물다

힘이 센 체하다.

-뜨거운 여름날 아침 힘빼물며 떠오른 태양을 구름이 금세 덮어버렸다.

-우리 서민은 아무리 힘빼물어도, 시내 영빈관을 지닌

그와 동띠일 수는 없다.

-힘빼물며 홀로 자식을 키워도 연약할 수밖에 없었던 어머니.

-한여름 소나기가 지붕이라도 뚫어댈 듯 힘빼물며 쏟아졌다.

-오랫동안 힘빼물며 거들먹거렸으나 그는 어느 한순간 풋심쟁이가 되었다.

문장 짓기

 풋심

어설프게 내는 힘.

-아무리 힘빼물어도 당신의 풋심으로는 그와 동띠일 수 없다.

-짝사랑은 사랑의 풋심이다. 하지만 아프기는 또 얼마나 가슴 패는가.

-그런 풋심 정도로 네가 드러나길 바라느냐.

-이 거대한 세상에서 내가 살아내느라 평생 내는 힘은

풋심일 뿐이다.

| 문장 짓기

 눈씨

쏘아보는 시선의 힘.

-이승훈 수필에서 드러난 통찰의 눈씨가 섬세하면서도 매섭기만 하다.
-세월호 유가족을 바라보는 그들 눈씨에는 따뜻한 인간미라고는 없어 보인다.
-이른 아침 전철에는 곤한 영육이나 숙취로 흐릿한 눈씨가 가득하였다.
-오랫동안 술을 마셔온 그는 항상 눈씨가 풀려있었다.
-뒤늦게 사업을 시작한 그의 눈씨에는 우뚝 서고자 하는 의욕과 욕망이 넘쳐 보였다.

| 문장 짓기

 **배착걸음**

다리에 힘이 없어 쓰러질 것같이 걷는 걸음.

-갓 태어난 송아지가 가까스로 일어서서 배착걸음으로 어미 소의 젖을 찾는 모습이 안쓰럽기만 하다.
-하늘이 맺어준 인연, 내 손주들 하진이, 하음이, 하엘이의 배착걸음 때를 기억한다.
-도무지 희망이 안 보이던 그때, 배착걸음으로 살아온 지난 시간이 지금도 쓰리다.
-날마다 배착걸음을 걷더라도 끝내 쓰러지지 마라.

문장 짓기

 **살차다**

1. 혜성 꼬리의 빛이 세차다.
2. 성질이 붙임성이 없이 차고 매섭다.

-살차게 앵돌아져 있는 듯한 그녀를 보기가 한동안 몹

시 괴로웠다.

　-파랗게 벼가 자란 마을 앞 들판을 홀로 묵상하며 걷다가 살차게 밤하늘을 긋는 유성을 만났다.

　-개와 달리 고양이는 살찬 성격이 매력이다.

　-담배나 술의 욕구가 미친 듯이 솟구칠 때에야 하루를 어찌 넘기나 싶지만, 시간은 본래 속절없이 살찬 것이라서 사흘, 열흘, 한 달이 언제 흘렀나 싶게 가는 것이다.

문장 짓기

 물황태수

1. 자신의 지위나 능력을 믿고 방자하게 구는 사람.
2. 꼼꼼하지 못하고 남의 비판에 대해서도 전혀 무감각한 사람.

　-방탄 국회, 저 물황태수들!
　-아무 생각 없이 살아가는 물황태수들이 넘치는 세상
　-물황태수처럼 살아가는 편이 스트레스가 넘치는 현대에서는 지혜로운 삶일지 모른다.

문장 짓기

 참눈

사물을 올바로 볼 줄 아는 눈.

-적당한 금욕과 기도 생활로 영이 맑아지면 새롭게 참눈이 뜨인다. 술과 담배와 욕정은 영을 흐리게 하여 참눈을 가리게 된다.
-배려하는 폭이 넓은 우린, 서로를 바라보는 참눈이 있었다.
-진보와 보수 간 정치적 갈등이 심한 대한민국은 여전히 참눈이 어둡다
-5·18의 북한 개입설, 무참히 왜곡된 역사가 통하는 것을 보면 참눈이 부족한 세상이다.

문장 짓기

[관용구] **아주 송화색이라**

아주 샛노랗다는 뜻으로, 인색하기 짝이 없는 경우를 이르는 말.

-세월호 피해자 가족을 대하는 정부가 아주 송화색이라.
-난의 향기가 아주 송화색이라 코를 바싹대어야 설핏 선심을 썼다.

| 문장 짓기

 꽃등

맨 처음.

-동살이 창으로 쏟아질 때 꽃등으로 감사하며 기뻐하는 일은, 숙취나 곤함 없이 맑은 영혼으로 일어날 수 있게 하신 것이다. 흡연, 음주, 잠자기 전 먹는 음식 등은 아침 영을 흐리게 한다.
-늘 깨어 있어라. 내 삶의 꽃등에는 그분이 있었다.

-우리 사랑, 언제나 꽃등처럼.

-우리 갈등의 꽃등에는 불신이 끼어 있다.

*초꼬슴: 어떤 일을 하는 데서 맨 처음.

*첫대바기: 맞닥뜨린 맨 처음.

*첫고등: 맨 처음의 기회.

문장 짓기

 쥐코밥상

밥 한 그릇과 반찬 한두 가지만으로 아주 간단히 차린 밥상.

-구름이 달을 어르는 밤, 별들이 쥐코밥상처럼 차려진 하늘이라도 시골 밤은 언제나 평화롭다.

-쥐코밥상 앞에서도 행복할 수 있는 나는 금욕적인 삶을 즐긴다.

-아내의 쥐코밥상이라도 받는 날이면 행복한 아침

-쥐코밥상일지라도 노모가 차려주는 밥상은 언제나 푸근하다.

문장 짓기

 성풀다

일어났던 성을 가라앉히다.

-한 시간이나 지나서야 그녀에게 부렸던 울뚝뺄이 성풀어지기 시작하였다.
-늘 예민해져 있던 우린 사소한 일에도 울뚝뺄로 마음을 다치게 하고, 그것이 성풀어지기까지 상당한 괴로움을 겪었다.
-얼른 성풀지 못한 사람처럼 비 갠 하늘이 여전히 찌뿌드드하다.

문장 짓기

[관용구] **미립이 트이다**

경험에 의하여 묘한 이치를 깨닫게 되다.

- 흡연, 음주, 식욕, 욕정 등에서 벗어나 적당히 금욕을 하면, 얼마나 영적 육적 기쁨이 큰지 이제야 미립이 트였다.
- 영성 생활의 기본은 적절한 금욕이다. 금욕은 몸과 영을 맑힌다. 꾸준히 금욕 생활을 이어갈 때, 내적 기쁨이 잔잔하게 흐르는 영성의 미립이 트일 것이다.
- 눈을 뜨자마자 감사의 화살기도를 올리는 까닭은, 맑은 영으로 일어나는 아침이 기쁘기 때문이다. 이제야 기쁨과 감사의 미립이 조금 트인다.
- [8년의 숨 가쁜 동행] 등 수필집 10여 권을 발표한 한판암 수필가는 수필 쓰는 데 미립이 트인 걸로 보인다.
- 7년이 지났건만 사업가로서 미립이 트이려면 여전히 먼 듯하다.

문장 짓기

 **무트로**

> 한꺼번에 많이.

-세상 사람들의 관심이 그녀에게 무트로 쏟아졌다.

-푸른 벼가 무성하게 자란 시골 들판 길을 홀로 걷자니 별들이 무트로 쏟아져 나왔다.

-유월이 되자 안양천에는 코스모스와 해바라기가 무트로 피어 산책하는 이들의 발걸음을 붙들었다.

-우박이 무트로 쏟아져 노모가 가꾸어 둔 채소밭을 엉망으로 만들었다.

문장 짓기

 **오금드리**

> 오금까지 이를 만큼 자란 풀이나 나무.

-안양천 오금드리 풀숲에서 풀벌레가 보름달을 울리고 있었다.

-열차가 안 다니는 철길에는 오금드리 풀숲이 무성하였다.

-이른 아침 삽을 챙긴 아버지는 오금드리 들풀을 헤치며 이슬떨이를 하였다.

| 문장 짓기 |

 애성이

속이 상하거나 성이 나서 몹시 안달하고 애가 탐. 또는 그런 감정.

-남자 친구가 헤어지자는데 애성이 나서 며칠째 우울증을 앓는 수현

-실수를 하고도 사과 한마디 없어 더욱 애성이를 받았다.

-구름이 둥근달을 가무리자 애성이가 난 듯 개구리들이 울어댔다.

| 문장 짓기 |

 부닐다

가까이 따르며 붙임성 있게 굴다.

-어쩐 일인지 요즘, 나비 꽃잎 부닐 듯 다가오는 그녀가 사랑스럽기는 하다.

-바람이 불면 연둣빛 이파리들이 서로 부닐며 아느작거렸다.

-무트로 쏟아진 별들, 숲에서 불어오는 바람, 아침 새 소리들, 내게 부닐었던 이 자연의 숨결은 내가 다시 술을 마시기 시작하면서 모두 멀어졌다. 술이 내 영을 탁하게 한 까닭이다.

-서로 부닐 듯 피어 있는 담벼락 나팔꽃들이 맑은 아침 내 영을 더 맑힌다.

-회사가 아파 부쩍 예민해진 탓인지 그에게 부닐었던 마음이 사그라진다.

문장 짓기

📖 사위스럽다

마음에 불길한 느낌이 들고 꺼림칙하다.

-한 번씩 노모 홀로 지내는 시골로 내려가면, 깊은 밤 안방에서 들려오는 기침 소리가 나를 한없이 사위스럽게 하였다.

-3년 동안 형이 투병을 할 때 날마다 사위스러운 생각이 나를 사로잡았다.

-삶이 어두워지더라도 영혼이 맑으면 사위스러운 생각이 쉽게 다가오지 못한다.

-자주 과음을 하게 되면 조금만 불안한 일이 생겨도 마음이 금세 사위스러워 진다. 악령의 음료, 술이 내 영을 흐리게 하기 때문이다.

문장 짓기

📖 함씬

1. 꽉 차고도 남을 만큼 넉넉한 상태.

2. 물에 폭 젖은 모양.

-7월이면 안양천에는 해바라기와 부용꽃이 함씬 웃으며 무더기로 피어난다.

-형이 내게 남겨준 조카들에게 무엇이든 함씬 채워주고 싶었지만 아무리 노력해도 나는 형의 십 분의 일도 채워줄 수가 없었다.

-아주 오랫동안 서로 피해의식을 가졌던 우리는, 이제 서로 이해하는 마음을 함씬 채웠으면 싶다.

-시골집에서 보내는 밤은 언제나 고요의 미학을 함씬 느끼게 한다.

-어느 날 아침 문래동 골목길에서 함씬 피어 있는 나팔꽃을 만났다.

-이슬에 함씬 젖은 잠자리 날개가 찢어질 듯 애처롭다.

| 문장 짓기

 애상미(哀傷美)

슬프고 감상적인 정서를 불러일으키는 아름다움.

-수필집 [가족별곡]에는 애상미로 가득하다.

-그녀의 시들은 애상미가 함씬 풍긴다.

-멀리 떨어진 섬에서 반짝이는 불빛들이 애상미를 풍기는 밤.

문장 짓기

 토막생각

순간순간 떠오르는 짧은 생각.

-파란 달개비꽃이 핀 풀숲에는 또르르 또르르 굴러가는 토막생각이 있었다.

-토막생각을 모은 노트가 그의 인생을 역전시켰다.

-저자들에게 선풍적 인기를 끌고 있는 'CEO출판'은 토막생각에서 시작되었다.

-안양천과 한강의 도로테아 순례길을 나서면서 메모지를 챙겼다. 묵상 트레킹 중 자주 떠오르는 토막생각을 메모하기 위해서다.

-밤길 묵상 트레킹에서 순간순간 떠오르는 토막생각을

메모하다 보면 어느새 빼곡하게 채워진다.

| 문장 짓기

작히(나)

[주로 의문문에 쓰여] '어찌 조금만큼만', '얼마나'의 뜻으로 희망이나 추측을 나타내는 말. 주로 혼자 느끼거나 묻는 말에 쓰인다.

- 이 긴 슬픔의 터널을 어서 벗어나면 작히나 좋을까.
- 어쩔 수 없는 사정이 있었을 거라며 다들 그리 이해해 주면 작히나 좋을까.
- 여름이지만 햇살이 그립다. 며칠째 퍼붓고 있는 비가 그치면 작히나 고마울까.
- 작히나 치욕스럽게 하였으면 노무현 대통령이 극단적 선택을 하였을까.

| 문장 짓기

 **여북(이나)**

[주로 의문문에 쓰여] '얼마나', '오죽', '작히나'의 뜻으로 언짢거나 안타까운 마음을 나타낼 때에 쓰는 말.

-뒤집힌 배에서 간신히 살아남았으니 그 어린 것이 여북 놀랐을까.
-형제간 우애가 남달리 돈독하였으니, 형을 보낸 그 아우 마음이 여북이나 아팠을까.
-여북이나 견디기 어려웠으면 끝내 이혼을 하였을까.

문장 짓기

 **여북하다**

주로 '여북하면', '여북해야' 꼴로 쓰인다.

-90된 노인이 여북하면 술과 담배를 끊었을까. 술과 담배는 악마의 발톱이다.
-여북하면 내가 떠날 마음을 먹었을려고.

문장 짓기

📖 어둑발

> 사물을 뚜렷이 분간할 수 없을 만큼 어두운 빛살.

-어디론가 떠나고 싶어 안달이 나는 역마살의 시간, 겨울 오후 다섯 시 반. 어둑발이 밀려오면 외로움도 쓸쓸함도 함께 밀려왔다.

-아버지가 세상을 떠난 이후, 어둑발이 밀려오면 두려움도 함께 밀려와 나는 홀로 있을 수 없었다.

-태양이 바다 끄트머리로 떨어지면서 금세 어둑발을 끌어당겼다.

-어둑발이 금세 밀려오는 겨울보다, 느긋하게 오는 여름이 한층 여유가 있다.

-기쁨과 감사하는 삶은 바로 내 영을 밝게, 맑게, 그래서 행복하게 하는 것이다. 내 안의 어둑발을 나를 병들게 한다.

| 문장 짓기 |

 봉죽들다

남의 일을 거들어서 도와주다.

-마음속으로 나는 늘 최고의 인상 수필을 쓴다. 어둡고 긴 터널을 지나는 동안 한결같이 해드림출판사를 봉죽들어 준 한판암 교수님이 그 소재다. 마치 내리사랑처럼 한 교수님은 10년이 넘도록 내 곁에 있었다. 한시도 떨어짐 없이, 내 삶조차 봉죽들어준 그분을 생각하면 마음이 숙연해진다.

-아주 먼 나라에서 살고 있는 그녀, 이제는 마치 모든 염려를 거둔 사람처럼. 어쩐 일이지 요즘은 도통 소식이 없다. 아무 바람 없이 고단한 나를 봉죽들어 주었던 그녀가 있어 그나마 내가 여기까지 왔다. 소식이 없어도, 그래서 오늘도 힘을 낸다.

-홀로 삭막한 광야에서 헤맬 때, 지금까지 숱한 신경세포를 죽이며 나를 봉죽들었던 그에게 지닌 채무감이 자

못 크다.

문장 짓기

 옆들다

『…을』 옆에서 도와주다.

-눈 뜨는 아침이 두려울 만큼 힘들었을 때, 자신처럼 옆들어주던 그녀를 잊지 못할 것이다.

-장마처럼 지루하였을 나의 슬픔조차 옆들어 주던, 그런 사람이 있었다.

-옆들어주지는 못할망정 그녀가 자신을 더 힘들게 한다고 늘 생각한 그였다.

-그녀는 내게 축복이었다. 어렵고 힘들 때마다 옆들어 주는 사람이 있다는 것은 축복이다.

-안양천에는 개망초와 원추리, 해바라기와 부용이 옆들어 피어나 아스팔트 달구는 불볕을 무색케 한다.

문장 짓기

 부엉이살림

자기도 모르는 사이에 부쩍부쩍 느는 살림의 비유적인 말.

-사업이 부엉이살림처럼 늘어나면 작히나 좋을까.
-누군가 옆들어 주는 사람이 없었어도 아우 살림은 어느새 부엉이살림처럼 늘어나 있었다.
-헤프게만 산 줄 알았더니 녀석은 어느새 부엉이살림을 이뤄놓았다.
-어려운 가운데서도 꾸준하게 출간한 해드림출판사 책들이 어느덧 부엉이살림처럼 늘어났다.
-하나둘 나타나던 초저녁 별들이 어둠이 깊어지자 부엉이살림처럼 늘어나 있었다.
-아무리 일을 해도 매번 어려움을 벗어나지 못하는 듯해도, 어느 땐가는 부엉이살림처럼 늘어나 있음을 깨닫게 될 것이다.

문장 짓기

 부개비잡히다

하도 졸라서 본의 아니게 억지로 하게 되다.

-대학 시절, 친구에게 부개비잡혀 나간 소개팅 자리에서 내 운명의 그녀를 만났다.
-집을 나설 때야 아내에게 부개비잡혀 나왔지만, 정작 바닷가에 이르니 참 잘 왔다는 생각이 들었다.
-그녀에게 부개잡혀 들어두었던 보험이 우리 가족을 살린 셈이다.
-주말이면 손주들에게 부개잡혀 교외로 나가게 된다. 하지만 녀석들과 함께하는 시간은 늘 행복하다.
-심하게 다툰 후 내게 부개잡혀 자리한 두 사람은 끝내 화해를 하였다.

문장 짓기

📖 외눈부처

하나밖에 없는 눈동자라는 뜻으로, 매우 소중한 것을 비유적으로 이르는 말.

-깊은 밤 안양천 도로테아 순례길을 걸으면 도시를 완전히 떠나 있는 기분이다. 홀로 어둠 속을 걸으면 외눈부처인 나의 사람들이 하나둘 떠오른다.
-아버지처럼 내 삶을 엎들어 주고, 친구처럼 나를 의지하던 형은 나의 외눈부처였다.
-하느님께서 내 손자로 맺어 준 인연, 열 살 하진이는 나의 외눈부처이다.
-여전히 내 하루의 중심인 해드림출판사는 나의 외눈부처.

문장 짓기

📖 홈착홈착(=홈치작홈치작)

1. 보이지 않는 데 있는 것을 찾으려고 요리조리 자꾸

더듬어 뒤지는 모양.
2. 눈물 따위를 요리조리 자꾸 훔쳐 씻는 모양.
3. 옴켜잡듯이 거칠게 자꾸 갉작이는 모양.

-어린 시절 할머니는 고쟁이 속을 홈착홈착하여 용돈을 꺼내주곤 하였다.
-우리는 강고랑에서 홈착홈착 더듬질하여 망둥이를 잡았다.
-헤어질 때면 눈물을 홈치작홈치작 하던 하진이가 이제 좀 컸다고 시큰둥한 인사를 한다.
-내 입속으로 들어온 그녀의 혀가 무언가 찾기라도 하듯 홈착홈착하였다.
-만원 전철에서 낯선 손 하나가 내 호주머니 속에서 홈착홈착하여 비명을 질렀다.

문장 짓기

 징

눈물이 어리는 모양.

-아침에 일어나니 유리창 여기저기 작은 물방울들이 징 서려 있었다.

-슬픔이 겨운 듯 지난 이야기를 하는 그녀 눈가에는 눈물이 징 솟았다.

-그녀가 세상을 떠난 지 15년이 흘렀지만 지금도 생각만 하면 눈물이 징 솟아오른다.

-나를 보자마자 그녀의 눈에는 눈물이 징 솟았다.

문장 짓기

 허우룩하다

마음이 텅 빈 것처럼 허전하고 서운하다.

-언제 또 만날 수 있을까. 공항에서 그녀를 배웅하며 애써 허우룩한 낯빛을 감추었다.

-해드림출판사 옥상에서 시내를 바라보면 빼곡한 빌딩 숲이 어쩐지 마음을 허우룩하게 한다.

-피서 철이 끝난 바닷가 석양에는 태양이 허우룩하게 지고 있었다.

-한동안 집에서 머물던 노모가 다시 시골로 내려가자 아들은 온종일 허우룩하게 지냈다.

-허우룩한 낯꼴의 초승달이 서산으로 넘어가는 새벽까지 나는 잠을 이루지 못한 채 마당을 서성거렸다.

| 문장 짓기

 찬결

차가운 기운.

-새벽녘 마당으로 나오자 찬결이 서린 보름달이 어수선한 마음을 맑혀주었다.

-이른 아침, 내장산 계곡에서 찬결을 느끼며 마시던 커피 맛을 나는 오래도록 잊지 못한다.

-자그락자그락 다툰 이후 며칠 만에 나타난 그녀에게는 찬결이 서려 있었다.

-한여름에도 시골집 수돗물에선 찬결이 느껴진다.

-찬결이 서린 이별의 손을 차마 놓지 못한 채, 차마 눈물조차 흘리지 못한 채 멍하니 바라만 보았다.

| 문장 짓기

 자그락자그락

하찮은 일로 옥신각신하며 다투는 모양.

-마을 앞 바닷가로 나가니 바닷바람이 자그락자그락 갈대들의 싸움을 부추겼다.
-여기저기서 몰려온 구름이 보름달을 차지하려고 자그락자그락 싸움질을 해댔다.
-자그락자그락 하며 만나온 지 벌써 1000일
-자그락자그락 싸우는 아이들이 예쁘다.
-하진이는 동생에게 늘 자그락자그락 시비를 건다. 그런 모습조차도 예쁘다.

| 문장 짓기

 **뻣성**

갑자기 발칵 일어나는 짜증.

-너무 힘들고 외로웠던 그는 마치 발작처럼 뻣성을 내곤 하였다.

-회사 일이 어려울 때마다 자주 부리던 나의 뻣성을 아내는 말 없이 받아주었다.

-마음의 토양이 척박해질수록 뻣성은 습관처럼 튀어나온다.

-시커먼 구름 속에서 불볕의 태양이 뻣성을 부리듯 튀어나왔다.

-새맑은 물에는 온유함이, 자주 마시는 술에는 뻣성이 스며있다.

| 문장 짓기 |

 **일집**

말썽스러운 일이 생기게 되는 바탕이나 원인.

-친구와 틈새가 벌어진 일집은 다소 사소한 오해에서 비롯되었다.

-옆집에서는 종종 천둥 번개 치듯 부부싸움이 일어난다. 그 일집은 주로 남편의 바람기였다.

-매사 일집을 줄이려면 상대를 다독거리며 부드럽게 이해시켜야 한다.

-일상에서 사람의 관계가 끊기는 일집은 기다림의 부족에서 생기기도 한다.

-부족한 집중력이 사업이든 인생이든 실패의 일집이 된다.

문장 짓기

 이드거니 [부사]

충분한 분량으로 만족스러운 모양.

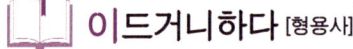 이드거니하다 [형용사]

(사물이 어떤 공간에) 넉넉하게 그득하다.

-밤하늘에서 이드거니하게 차오르는 달을 보고 있으려니 괜히 눈물이 난다.
-저녁을 이드거니 먹었더니 피로가 몰려온다.
-오늘도 이드거니 일하였으니 이제 좀 쉬어야 할까 보다.
-운동 후 모처럼 아침을 이드거니 먹었다.
-오랜만에 어둠 속 한강변을 이드거니 걸었다.

문장 짓기

 우둔우둔 [부사]

가슴이 자꾸 세차게 뛰는 모양.

-형이 갑작스레 세상을 떠난 이후 우리 가족은 트라우마로 사소한 일에도 가슴이 우둔우둔 뛴다.
-회사에서 그녀를 스치기만 해도 내 가슴은 늘 우둔우둔 뛰었다.
-저 멀리 고향 집이 보이자 가슴이 우둔우둔 방망이질을 해 댔다.
-첫 수필집 '가족별곡'을 출간하였을 때 우둔거리던 기

억을 잊지 못한다.

-안양천과 한강 '도로테아 순례길'의 밤길 트래킹을 하다 보면 군데군데 어둑서니가 나타나 가슴을 우둔거리게 하는 때가 있다.

문장 짓기

 고비샅샅 [부사]

구석구석마다 샅샅이.

-그녀의 마음을 고비샅샅 뒤져봐도 미움이라고는 없을 것이다.

-밤하늘을 고비샅샅 뒤져도 내가 그녀의 눈빛으로 삼았던 별을 도무지 찾을 수가 없었다.

-종종 안양천이나 한강 밤길을 몇 시간씩 걸으며 내 삶과 내 마음과 내 영을 고비샅샅 뒤져보는 때가 있었다.

-고비샅샅 교정을 봐도 책으로 나오고 보면 꼭 오타 한두 개가 약 올리듯이 튀어 나오곤 한다.

| 문장 짓기 |

 톺아보다 [동사]

『…을』 샅샅이 톺아 나가면서 살피다.

- 원고는 몇 번씩 톺아보아도 놓치는 오탈자가 있다.
- 며칠째 화분의 꽃봉오리를 톺아보았으나 미동도 없었다.
- 사랑이 넘칠 때는 아무리 톺아보아도 미운 구석이라고는 없다.
- 살아가는 이 힘들고 거칠 때 우리는 의지할 데를 찾아 주변을 톺아보기도 하지만 외로움만 더 깊어진다.

| 문장 짓기 |

📖 새짬

1. 공간적으로 사이에 생긴 틈.
2. 어떤 일과 다른 일 사이의 짧은 시간의 공백.

-시커먼 구름에서 새짬이 생기더니 찡긋 반달이 보였다.
-새짬 없이 다닥다닥 붙은 전철 의자는 어지간히 불편하다.
-이웃 간의 새짬이 갈수록 벌어진다.
-나의 일상이라는 것은 업무와 휴식의 새짬도 없이 이어진다.
-새짬을 내서 눈 좀 붙이다.

문장 짓기

📖 엔담

사방으로 빙 둘러쌓은 담.

-시골집 담은 장독을 껴안고 뒤꼍을 두른 엔담이다(엔

담짜기: 사방으로 빙 둘러싸서 짜는 일).

-흙벽돌의 엔담처럼 어머니는 언제나 나를 포근히 감싸 안았다.

-민속촌에는 엔담을 두른 초가집이 옹기종이 모여 있다.

| 문장 짓기

 찬찬스럽다

보기에 성질, 솜씨, 행동 따위가 꼼꼼하고 자상한 데가 있다.

-손님이 오면 아내는 저녁상을 찬찬스럽게 차려냈다.
-어린 나이에도 누나는 동생들을 찬찬스럽게 챙겨주었다.
-늘 조용하던 어머니는 매사 찬찬스러운 분이었다.
-여자든 남자든 찬찬스럽게 챙겨주는 이가 존경을 받는다.

| 문장 짓기

 해걷이바람

해 질 녘에 부는 바람.

-온종일 뙤약볕이 쏟아지다가 사무실을 나설 무렵 해걷이바람이 달구어진 가슴을 식혀주었다.
-마을 앞 갯둑을 걷자니 해걷이바람이 달려와 시원하게 가슴을 열어주었다.
-해걷이바람이 산등성이 구름을 양 떼 몰 듯 몰고 간다.

문장 짓기

쓰렁쓰렁 [부사]

1. 남이 모르게 비밀리 행동하는 모양.
2. 일을 건성으로 하는 모양.

-희붐한 새벽녘이면 나팔꽃이나 달개비꽃이 쓰렁쓰렁 피었다.
-뜨거운 대낮, 배고픈 고양이 한 마리가 쓰렁쓰렁 마당

으로 들어왔다.

-교정이나 편집을 맡기면 쓰렁쓰렁 해버리는 그에게 항상 실망을 한다.

> 문장 짓기

 설면설면하다 [형용사]

사이가 정답지 아니하고 어색하다.

-어제 싸운 탓인지 그는 내내 낯빛을 흐리며 설면설면하게 굴었다.
-매일 얼굴을 마주하면서도 설면설면하게 지내야 하는 일이 참으로 불편하다.
-고급 주택 사이 허름한 집 한 채가 설면설면 하게 서 있다.

> 문장 짓기

머슬머슬하다 [형용사]

탐탁스럽게 잘 어울리지 못하여 어색하다.

- 초대 받아 나간 그 자리가 머슬머슬할 뿐이었다.
- 마음 상하는 일이 있은 후, 두 사람은 여태껏 머슬머슬히 대하며 지낸다.
- 개와 고양이는 언제나 머슬머슬한 사이다.

문장 짓기

끈히 [부사]

질기도록 끈기 있게.

- 세상 떠난 지 20년이 흘렀어도 끈히 그리운 형이다.
- 이른 봄 내내 동백꽃은 끈히 떨어지고 있었다.
- 장마가 끈히 이어지던 그해 여름은 유독 우울하였다.

문장 짓기

 쪽잠

짧은 틈을 타서 불편하게 자는 잠.

-점심을 먹으면 꼭 의자에서 쪽잠을 잔다.
-쪽잠 자듯이 살아가는 인생
-밤새 쪽잠을 자가며 원고를 마무리하였다.
-밤새도록 '도로테아 순례길'을 걸으며 길가 의자를 기댄 채 쪽잠을 자곤 하였다.

문장 짓기

 참따랗다

딴생각 없이 아주 진실 되고 올바르다.

-사람을 참따랗게 대하면 내 사람 아닌 사람이 없다.
-오직 어머니만이 변함없이 나를 참따랗게 바라보신다.
-믿음은 당신을 끈히 그리고 참따랗게 따라가는 길이다.

문장 짓기

 이슬받이

1. 이슬이 내린 길을 갈 때에 맨 앞에 서서 가는 사람. ≒이슬떨이. 2. 이슬이 내리는 무렵. 3. 양쪽에 이슬 맺힌 풀이 우거진 좁은 길. 4. 차일 따위를 쳐서 내리는 이슬을 막는 일.

-동살이 터오니 이슬받이 풀숲이 윤슬처럼 빛났다.
-어느 조직에서나 이슬받이처럼 앞서 걷는 이가 있다.
-세상 떠난 아내를 밤새 그리워하다가 이른 아침 이슬받이를 걸어 그녀의 무덤을 찾곤 하였다.
-이슬받이 풀숲에는 날개 젖은 잠자리가 지친 듯 낮아 있었다.

| 문장 짓기

함치르르

깨끗하고 반지르르 윤이 나는 모양.

- 하얀 그릇의 하얀 밥에서 함치르르 윤이 흘렀다.
- 그녀의 미소 속 함치르르 한 치아를 보니 현기증이 일었다.
- 찰랑찰랑한 머리에서는 함치르르 윤기가 흘렀다.
- 이른 아침 풀숲에는 동살을 받은 이슬이 함치르르하다.

| 문장 짓기

노박이로 [부사]

1. 줄곧 한 가지에만 붙박이로. 2. 줄곧 계속적으로.

-자신을 향해 노박이로 움직이는 시선 하나를 알아챘다.
-밤새 한강을 걷는 내게 그분이 노박이로 붙어 있었다.
-우리가 노박이로 함께 일한 지 어느새 10년 세월이다.

| 문장 짓기 |

 헤뜨다

자다가 놀라다.

-조용히 묵상하며 밤길을 걷는데 어떤 기운이 헤뜨듯이 다가왔다.
-아이가 잠을 자며 헤뜨기를 반복하였다.
-강아지가 잠을 자며 움찔움찔 헤뜨는 짓이 재밌었다.
-하루하루 헤뜨듯이 살아가는 날도 끝내 다 지나간다.

| 문장 짓기 |

📖 길차다 [형용사]

1. 미끈하게 길다.

-태화강변의 길차게 자란 대나무 숲.
-안양천에는 길찬 코스모스 꽃들이 즐비하다.
-태풍이 불어 닥치자 길찬 은행나무들이 휘우청거렸다.

2. 나무가 우거져 깊숙하다.

-벚나무 터널을 걷노라면 길찬 숲속을 걷는 기분이다.
-이름도 예쁜 '샛강' 주변은 길찬 숲을 이루고 있다.

문장 짓기

📖 소보록하다

1. 물건이 많이 담기거나 쌓여 좀 볼록하게 도드라져 있다. 2. 식물이나 털 따위가 좀 빽빽하고 길다. 3. 살이 붓거나 찐 데가 좀 도드라져 있다.

-겨울이면 담장을 두른 장독 뚜껑 위 소보록하게 눈이 쌓이곤 하였다.

-한 달 전 깎았는데 어느새 잔디가 소보록하게 자랐다.

-옛 생각을 하며 잡초가 소보록하게 자란 논두렁을 걸어보았다.

-배꼽티 아래로 소보록하게 드러난 뱃살이 귀엽기도 하다.

-안양천과 한강을 일곱 시간이나 걸었더니 발목이 소보록하게 부었다.

문장 짓기

 하르르 [부사]

1. 한숨 따위를 힘없이 몰아쉬는 모양. 2. 종이나 피륙 따위가 얇고 성기며 풀기가 없어 매우 보드라운 모양. 3. 연속적으로 빨리 떨리는 모양을 나타내는 말.

-가을 깊은 바람이 불었다. 길찬 코스모스 하르르 한숨 쉬듯 흔들린다.

-병상의 그를 바라보기만 해도 하르르 한숨이 나왔다.

-하르르 불어오는 바람 한 점 없는 8월 오후, 그래도 나는 불볕을 즐긴다.

-움푹 팬 옷 사이로 그녀의 뽀얀 가슴이 하르르 숨 쉬듯 보였다.

-하르르 한 머플러가 그녀의 가느다란 목에서 휘날렸다.

-헤어지자는 말을 듣는 순간 그녀의 눈썹이 하르르 떨렸다.

문장 짓기

 머절싸하다

말이나 하는 짓이 어리석다.

-겉으로는 머절싸해 보이지만 생각이 깊은 여자다.
-어디서 저런 머절싸한 남자를 데려왔나 싶었다.
-젊은 날 총명한 그였지만 과음이 잦더니 이제는 머절싸해진 듯하다.

문장 짓기

 다랑귀

두 손으로 붙잡고 매달리는 짓.

 [관용구] **다랑귀(를) 뛰다**

≒다랑귀(를) 떼다 1. 두 손으로 붙잡고 매달리며 놓지 아니하려 하다. 2. 몹시 매달리며 간절히 조르다.

-하진, 하음, 하엘, 이 세 녀석은 내가 가면 다랑귀 뛰느라 정신이 없다.
-하진이는 할아버지에게 다랑귀 떼어 끝내 자전거를 샀다.
-아이들이 거칠게 다랑귀 뛰어도 할아버지는 전혀 싫은 기색이 없다.

문장 짓기

 에테

주색잡기에 빠짐. 또는 그런 짓(동사: 에테하다).

-지금도 유흥가의 밤거리에는 에테하는 젊은이들로 북적거린다.

-밤새 에테를 즐기다가 새벽녘 후줄근해진 남자들이 비틀거렸다.

-도박하는 데 에테하였으니 펜들에게 버림받아 마땅한 일.

문장 짓기

엔굽이치다

물이 굽이진 데서 휘돌아 흐르다.

-바다 들머리에서 엔굽이쳐 흘러오는 밀물을 바라보면 가슴 저 어딘가에서 알 수 없는 그리움도 엔굽이쳐 흘러왔다.
-섬진강을 따라 걷다 보면 군데군데 강물이 엔굽이쳐 흐르는 구간을 만난다.
-엔굽이쳐 흐르는 순천만 갈대밭 강에는 오리들이 시커멓게 뒤덮여 있다.

문장 짓기

 엔구부정하다 [형용사]

빙 돌아 휘움하게 굽다(구부정한 것보다 한 번 더 굽은?).

-요즘 나를 대하는 그녀의 마음이 엔구부정한 강처럼

굽이져 있다.
 -당신께 가는 길이 왜 이리 엔구부정하게 더딜까.
 -엔구부정한 언덕길에 코스모스가 흐드러지게 피어 있다.

| 문장 짓기 |

 노량으로 [부사]

어정어정 놀면서 느릿느릿.

 -무언가를 써야 하는데 시적시적 노량으로 붓방아만 찧고 있다.
 -노량으로 안양천을 걷다 보니 땅거미가 몰려왔다.
 -노량으로 지은 집이 어느새 아름다운 자태를 드러냈다.
 -노량으로 밀려오던 밀물이 금세 강둑을 넘어올 듯하다.

| 문장 짓기 |

휘우청휘우청

긴 물체가 탄력 있게 휘어지며 느릿느릿 자꾸 흔들리는 모양(부사). 휘우청휘우청하다(동사).

-태풍이 불 때면 커다란 은행나무가 산발한 여인이 통곡하듯 휘우청휘우청하였다.
-태화강 대나무 숲이 휘우청휘우청한다.
-휘우청휘우청하는 미루나무 우듬지에 앉은 까치.
-강 건너 불빛을 바라보면 휘우청휘우청 그리움이 흔들렸다.

문장 짓기

휘움하다

조금 휘어져있다.

-휘움하니 낭창낭창한 낚싯대
-휘움한 버들눈썹(가늘고 긴 눈썹. 또는 그런 눈썹을

가진 사람)

-휘움하게 파고 들어간 초승달

-휘움하게 파고 들어간 그녀의 쇄골이 뇌쇄적이었다.

문장 짓기

빗밑

비가 그치어 날이 개는 속도.

-소풍날 아침, 다행히 비는 그쳤으나 빗밑이 느려 애가 탔다.

빗밑이 재다[관용구]: 오던 비가 그치고 날이 개는 속도가 빠르다.

-한여름 날씨는 빗밑이 가벼워서 소나기가 퍼붓다가도 금방 갠다.

빗밑이 무겁다[관용구]: 오던 비가 그치고 날이 개는 속도가 느리다.

-장마철이라 빗밑이 무거워 시커먼 구름이 가득하다.

-빗밑이 무거워진 먹구름이 산봉우리를 휘감고 있다.

문장 짓기

 구름짬

구름 덩이의 틈새.

-구름짬으로 흘러나온 달빛이 찬물때의 강에서 윤슬을 만들어 냈다.
-지금은 비록 어둡더라도 파란 구름짬이 자주 비치는 삶이기를 바란다.
-빗밑이 잰 가운데 구름짬으로 파란 호수가 드러났다.
-구름짬으로 잠깐 나타났다 사라지는 여우별.
-빗밑이 재더니 갈수록 구름짬이 커진다.

문장 짓기

 **소들하다** [형용사]

분량이 생각보다 적어서 마음에 덜 차다.

－소들하게 쌓인 눈이 가난한 이의 손 같았다.
－아무리 잘해줘도 그녀는 소들한 표정을 지어 나를 눈물 나게 한다.
－애써 준비한 선물이 소들하였던지 그녀는 시큰둥하였다.
－나는 성의껏 채운다지만, 봉급을 받는 직원들은 매번 소들한 눈빛을 보낸다.

문장 짓기

 **부레끓이다**

몹시 성이 나게 하다(부레끓다).

－가난할수록 부레끓이는 일이 문턱 닳도록 드나든다.
－언제나, 매사 나는 나 자신에게 당한다는 사실이 부레

끓게 한다.

-요즘 툭하면 짜증을 내는 태희가 부레끓게 한다.

-아무리 부레끓이게 하더라도 그는 그녀를 언제나 감쌌다.

-회사 일로 부레끓이게 될 때마다 나는 나 자신에게 성수를 뿌렸다.

문장 짓기

 안받음

자식이나 새끼에게 베푼 은혜에 대하여 안갚음을 받는 일(안받음하다).

 안갚음

1. 까마귀 새끼가 자라서 늙은 어미에게 먹이를 물어다 주는 일. 2. 자식이 커서 부모를 봉양하는 일.

-아픈 말 가운데 하나가 안갚음과 안받음이 아닐까 싶다. 노모가 있기 때문이다.

-안갚음과 안받음은 나를 낳아주셨다는 이유만으로 마땅히 생기 넘쳐야 하는 말이다.

-사실 자식에게 제대로 안받음 받는 부모가 대부분인 세상이다. 그래서 부족한 나의 안갚음이 부끄러운 것이다.

문장 짓기

 **흘미죽죽** [부사]

일을 야무지게 끝맺지 못하고 흐리멍덩하게 질질 끄는 모양(흘미죽죽이. 흘미죽죽하다).

-흘미죽죽이 일하는 습관은 너를 가난케 할 것이다.
-직장에서 흘미죽죽하게 일하면 당신은 금세 신뢰를 잃는다.
-긴 장마가 흘미죽죽 이어진다.
-구름 가득한 하늘, 흘미죽죽이 빗밑이 무겁다.

-우리 편집장님은 집중력이 뛰어나서 흘미죽죽이 원고를 붙들고 있는 법이 없다.

| 문장 짓기 |

 부다듯이

몸에 열이 나서 불이 달듯 할 정도로 몹시 뜨겁게.

-상대의 부다듯이 달아오른 화를 가라앉히는 말은 '미안해'이다.
-상대의 자신감을 부다듯이 치솟게 하는 말은 '어떻게 그런 생각을 다 했어?'이다.
-중년의 열정을 부다듯이 끌어올리는 말은 '나이는 숫자에 불과해'이다.
-상대의 능력을 부다듯이 달구어 내는 말은 '너를 믿어'이다.

| 문장 짓기 |

갑이별하다 (발음: 감니별하다)

서로 사랑하다가 갑자기 헤어지다.

-요즘 젊은 연인들의 갑이별은 흔한 듯하다.
-갑이별하게 된 그들에게 무슨 속사정이 있을 것이다.
-결혼한 다음 날 갑이별이라니.
-생 잎 떨어지듯 갑이별한 태희와 은국
-갑이별의 아픔을 토로하듯 새끼 잃은 어미 개는 밤새 끙끙거려다.
-죽고 못 살 듯이 하더니 갑이별 소식을 들었다.

문장 짓기

 불되다 (불되어, 불되니) [형용사]

강하게 내리누르거나 죄는 힘이 아주 심하다.

-밀려오는 월요일이 불되어 두렵고 숨이 막힐 때가 있다.

-밤마다 꿈속에서 불되는 힘의 시달림을 받았다.

-가난이 삶을 불되어도 안차게 살아가라.

-회사의 궂은 소문이 불되어 아귀찬 그녀도 끝내 견디지 못한 채 떠나왔다.

문장 짓기

 백발

몹시 괴로운 일이나 원수같이 미운 사람.

-우울증을 앓아온 그녀는 세상 모든 것이 백발 같았다.

-오늘 하루도 백발 없는 평화가 가득하기를 바란다.

-언제나 환한 미소가 가득한 그녀에게 세상 백발은 없어 보인다.

문장 짓기

📖 아귀차다

1. 휘어잡기 어려울 만큼 벅차다.
2. 뜻이 굳고 하는 일이 야무지다.

-아귀찬 환삼덩굴처럼, 그들은 다른 이의 삶을 옥죄이며 살아간다.

-마당에는 은행나무가 아귀차게 솟아서, 보는 이마다 그 집안의 등등한 기운을 느꼈다.

-땅속을 헤쳐가는 대나무 뿌리처럼, 척박한 세상을 아귀차게 살아온 그였다.

-하루하루 백발과 부딪치면서 준태는 아귀찬 사업가로 뿌리를 내려갔다.

문장 짓기

📖 청처지다 (청처지어/청처져/청처지니)

1. 아래쪽으로 좀 처지거나 늘어진 상태에 있다.
2. 동작이 느릿하다.

-호수 위로 바람이 불자 수양버들 가지가 청처지게 흔들렸다.

-모여 있는 사람들 꼬락서니가 불볕 아래 청처진 해바라기를 닮았다.

-요즘 어쩐지 친구의 어깨가 청처져 보인다.

-앞서가는 남편을 청처지게 따라가는 그녀가 가여웠다.

문장 짓기

청처짐하다

1. 아래쪽으로 좀 처진 듯하다. 2. 동작이나 상태가 바싹 조이는 맛이 없이 조금 느슨하다.

-한바탕 태풍이 휩쓸고 지나간 자리에는 나무들이 청처짐하게 서 있었다.

-삶의 무게 때문인지 노모는 늘 한쪽 어깨가 청처짐해 있었다.

-그리 청처짐한 언변으로 어찌 여자 친구를 사귈까 싶다.

-금방 자고 일어난 듯 전화기로 들려오는 그녀의 목소리가 청처짐하게 들렸다.

문장 짓기

 뱃밥

배의 틈으로 물이 새어들지 못하도록 틈을 메우는 물건. 흔히 천이나 대나무의 얇은 껍질을 쓴다.

-노모는 뱃밥을 먹이며 육지로 항해하는 선장이었다.
-회사가 몹시 어려움을 겪을 때, 매월 그녀가 보내준 도움은 다름 아닌 뱃밥이었다.
-세상을 살아가는 데 뱃밥이 되어주는 존재가 그였다.
-그들 도움이 임시방편적인 뱃밥이었을지라도, 결국 우리는 그 도움으로 무사히 항구에 도착한 것이다.

문장 짓기

📖 동돌

1. 무거워서 한두 개씩밖에는 져서 나를 수 없는 큰 버력. 2. 광물을 캐 들어가다가 갑자기 만나는 굳은 기암(基巖).

-요즘 나의 일상이 동돌을 마주한 듯하다
-나는 그녀의 인생에 동돌 같은 존재였을까.
-동돌을 짊어진 듯 휘청거리던 아버지

문장 짓기

📖 차끈하다

매우 차가운 느낌이 있다.

-겨울을 싫어하는 그녀는 11월 아침저녁 기온이 차끈하니 벌써 마음이 심란하다.
-늦가을 숲속에서 일어난 그날 아침, 계곡의 차끈한 공

기가 상쾌하였다.

-한겨울 밤, 안양천 트레킹을 할 때면 차끈한 바람이 폐부 깊숙이 파고들어 와 짜릿하다.

문장 짓기

 골싹하다

담긴 것이 가득하지는 아니하나 거의 다 찬 듯하다.

-건너뜸 섬 불빛들이 밀물을 타고 그렁그렁 몰려온다. 중천의 골싹한 달이 완전하게 채워지는 내일이면, 이 밀물도 강둑을 날름거리는 찬물때가 될 것이다.

-세상을 너무 완벽하게 살아가는 것보다, 2% 부족한 듯 골싹하게 살아가는 삶이 오히려 여유롭지 싶다.

문장 짓기

 게염스럽다

보기에 부러워하며 시샘하여 탐내는 마음이 있다.

-이파리가 다 떨어진 앞집 감나무에는 홍시들로 가득하였다. 감나무가 없던 우리는 주렁주렁 달린 그것들을 게염스럽게 바라보곤 하였다.

-은희는 재벌 2세를 남자친구로 둔 동생을 게염스러운 눈으로 바라보았다.

-유난히 큰 별 주변의 작은 별들이 게염스레 빛난다.

문장 짓기

 어쓱하다

마음이 호탕하고 의협심이 강하다.

-어쓱한 성정의 준호를 같은 반 여학생 대부분이 좋아한다.

-어릴 때부터 검도를 배워온 윤후는 어느덧 어쓱한 고

등학생으로 자랐다.

-입대할 때만 해도 화초 같기만 하였던 아들이 어느새 제대를 하여 어쏫한 청년이 되어 돌아왔다.

문장 짓기

고빗사위

> 매우 중요한 단계나 대목 가운데서도 가장 아슬아슬한 순간.

-수년 동안 이어진 애옥살이에서 우리 사랑은 언제나 새로운 고빗사위를 만났다. 하지만 그 고빗사위들이 오히려 우리 관계를 더 깊게 연단시켰다.

-날마다 고빗사위처럼 살아온 인생, 늘 긴장의 연속이어서 오히려 활기찬 삶은 아니었을까.

-겨울 나목의 우듬지에 걸린 보름달이 마치 고빗사위를 맞고 있는 듯하다.

문장 짓기

 지어먹다

「…을」 마음을 다잡아 가지다.

- 세상사는 일이 두려워질 때마다 나는 마음을 지어먹으며 안양천과 한강 밤길을 홀로 기도하며 걷곤 하였다.
- 그녀가 예민해질 때마다 좀 더 잘해줘야지 지어먹은 마음이 무너지곤 하였다.
- 월요일 아침이면 이번 한 주도 최선을 다해 살아야지 하며 마음을 지어먹게 된다.
- 작심삼일이라는 말은 지어먹은 마음이 사흘을 못 간다는 뜻이다.

문장 짓기

 애초롬하다

웅숭깊게 새뜻한 맛이 있다.

-미나리가 들어간 애초롬한 복국이 오랫동안 병실에서 잃었던 입맛을 살려주었다.

-어머니가 끓인 쑥국이며 봄나물의 애초롬한 맛은 온 가족이 둘러앉은 밥상을 들뜨게 한다.

-오랫동안 함께 살아온 그들을 보면 언제 처음처럼 애초롬한 멋이 풍기는 부부이다.

문장 짓기

산들다 [동사]

바라던 일이나 소망이 틀어지다.

-밤낮으로 열정을 바쳤던 출판이 산들었으나 결코 그는 쓰러지는 사람이 아니다.

-꽃처럼 피고 지고 10년을 기다려온 사랑이 산들어 나

는 결국 돌아서야 했다.

　-임지인 소설가가 심혈을 기울여 쓴 장편소설 '화이트 로즈 녹턴'이 초반에는 산들 듯하였으나, 끝내 들불처럼 일어나 해드림출판사를 반석 위에 올렸다.

문장 짓기

 가만하다

움직임 따위가 그다지 드러남 없이 조용하고 은은하다.

　-카페에서 아르바이트하던 그녀가 나를 보면 가만한 미소를 짓곤 하더니 오늘은 사탕 하나를 내밀었다.
　-엄마의 가만한 한숨 소리가 어린 내 가슴을 휑하니 을 씨년스럽게 하였다.
　-사장님의 가만한 침묵이 나를 잔뜩 긴장시켰다.

문장 짓기

📖 속바람

몹시 지친 때에 숨이 차서 숨결이 고르지 못하고 몸이 떨리는 현상.

-날마다 병원에서 까무러지는 형을 지켜보면 속바람이 일어나곤 하였다.
-다소 고소공포증이 있는 나는 서강대교를 건널 때마다 속바람이 일어난다.
-몹시 화가 나 흥분한 근희는 속바람이 일어난 모습이다.

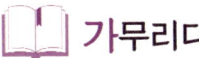

📖 가무리다

1. 몰래 혼자 차지하거나 흔적도 없이 먹어 버리다.
2. 남이 보지 못하게 숨기다.

-밤새 폭설이 내려 세상을 하얗게 가무렸다.

-커다란 구름이 흘러와 달을 가무리니 여기저기 어둑서니가 생기면서 사방이 더욱 어두워졌다.

-슬픈 표정을 가무린 채 그녀가 손을 내밀었지만 나는 얼른 잡을 수가 없었다.

문장 짓기

 구메구메 [부사]

남모르게 틈틈이.

-주변 사람의 반대에도 두 사람은 구메구메 사랑을 쌓아갔다.

-내가 어려울 때마다 멀리 독일에서 구메구메 도와주었던 사람이 있다.

-시골에서 홀로 사는 노모를 찾아와 구메구메 말벗이 되어주는 그녀가 고맙기만 하다.

문장 짓기

새새틈틈 [명사]

모든 사이와 모든 틈.

-새새틈틈 낀 번뇌를 씻고자 그는 밤새 기도를 하며 한강을 걷곤 하였다.

문장 짓기

가뭇없다

1. 보이던 것이 전연 보이지 않아 찾을 곳이 감감하다.
2. 눈에 띄지 않게 감쪽같다.

-우거진 수풀에서 잠깐 비치듯 보이던 노루 한 마리가 가뭇없이 사라졌다.
-사방에서 터지던 목련이 어느새 가뭇없이 사라졌다.
-수평선 끝에서 숨을 몰아쉬던 태양이 가뭇없이 사라졌다.
-영원히 내 곁을 지켜줄 듯한 사랑도 가뭇없이, 요즘

그녀의 침묵은 깊어만 간다.
-매일 병상에서 보내오는 도로시의 메시지가 어느 날 가뭇없이 사라져버릴 것만 같다.

문장 짓기

 가리사니

1. 사물을 판단할 만한 지각(知覺).
2. 사물을 분간하여 판단할 수 있는 실마리.

-그녀는 하도 변덕이 심해 심중의 가리사니를 헤아릴 수가 없다.
-길을 걷다가 공황장애가 오면 어디로 가야 할지 가리사니를 파악할 수가 없게 된다.
-한 번씩 경제적 고빗사위가 올 때마다 어찌 풀어가야 할지 가리사니를 잡을 수가 없었다.

문장 짓기

 **끝갈망**

일의 뒤끝을 수습하는 일.

-하늘을 가무리듯 뒤덮은 벚꽃들의 끝갈망을 어찌할꼬.
-한 번씩 고빗사위가 몰아치면 끝갈망의 가리사니를 찾을 수가 없었다.
-뚝뚝 떨어지는 목련의 끝갈망이 처량하기만 하다.

문장 짓기

 **갈마보다**

양쪽을 번갈아 보다.

-할아버지와 할머니를 갈마보다가 녀석은 할아버지에게 달려와 덥석 안겼다.
-아무리 갈마보아도 어느 것이 더 좋은지 구분할 수가 없었다.

-수없이 갈마보아도 티 날 수 없을 만큼 아름다운 꽃바구니가 즐비하다.

문장 짓기

 갈마들다

서로 번갈아들다.

-순천역에서 우리가 만난 그날, 눈과 비가 연신 갈마들어 앞을 구분할 수 없었다.
-삶이란 언제나 행복과 불행, 기쁨과 슬픔이 갈마들며 이어지는 것이다.
-떠나간 그녀를 생각하니 슬픔과 그리움이 밤새 갈마들어 쉬 잠을 이루지 못하였다.

문장 짓기

갈마쥐다

1. 한 손에 쥔 것을 다른 손에 바꾸어 쥐다.
2. 쥐고 있던 것을 놓고 다른 것으로 바꾸어 쥐다.

-할머니는 보따리를 오른손으로 갈마쥐며 쉬엄쉬엄 골목길을 걸었다.
-가방을 왼손으로 갈마쥐면서 그녀와 가볍게 포옹을 하였다.
-이 물건 저 물건을 갈마쥐어 가면서 그녀는 능숙하게 홍보를 하였다.

문장 짓기

건잠머리

일을 시킬 때에 대강의 방법을 일러 주고 필요한 여러 도구를 챙겨 주는 일.

-아르바이트로 들어온 수민이는 일의 건잠머리만 잡아

주면 능숙하게 업무를 처리하였다.

-여자를 사로잡는 비법의 건잠머리를 일러주느라 애쓴다.

-누군가 곁에서 해야 할 일의 건잠머리를 잡아주어야 겨우 그는 두어 시간 일을 할 수 있었다.

문장 짓기

 걸싸다

일이나 동작 따위가 매우 날쌔다.

-사람들이 걸싸게 전철역으로 향하는 출근 시간이면 내 마음도 덩달아 조급해진다.

-비를 뿌리려는지 시커먼 구름이 걸싸게 움직이고 있었다.

-단비는 아직 팔팔하여 모든 일을 걸싸게 처리한다는 소릴 듣는다.

-형은 살아생전 늘 걸싸게 일하고자 하는 데서 받은 스트레스가 병이 되었을지 모른다.

-우리는 지나치게 걸싸게 일하려는 습관이 있다.

문장 짓기

 걸태질

염치나 체면을 차리지 않고 재물 따위를 마구 긁어모으는 짓.

-이른 아침 안양천 산책길에는 개미들이 걸태질을 하듯 더듬이를 움직이고 있었다.
-자기 앞에 놓인 빵들을 걸태질 하듯이 끌어당겼다.
-이제는 기업주 마음대로 노동을 착취하며 걸태질 할 수 있는 세상이 아니다.
-작은 이익조차 걸태질 하며 회사를 운영하였던 그였다.

문장 짓기

 **게정** [명사, 동사]

불평을 품고 떠드는 말과 행동.

-삶이 옹색할수록 세상을 향한 게정을 품기 마련이다.
-아르바이트 하는 준이는 아무리 일이 힘들어도 게정대는 것을 못 봤다.
-아버지는 몸이 아픈 이후로 어머니가가 아무리 맛있는 밥상을 차려도 게정대기 일쑤였다.

문장 짓기

 **거우다**

집적거려 성나게 하다.

-자신이 떠나면 금세 재혼하라는 병상 남편의 말이 단비 성미를 거우었던 것이다.
-제발 술 좀 끊으라는 아내 잔소리가 성질을 거워 놓곤 하였다.

-아이가 자꾸 강아지를 거우다가 손가락을 물리고 말았다.

-시커먼 구름이 초승달을 거우고 있었다.

-바람이 나뭇잎에 앉은 나비를 거우니 나비는 연신 하르르한 날개를 팔랑거렸다.

문장 짓기

 거우듬하다

조금 기울어진 듯하다. ≒거운하다.

-요즘 그는 단비에게 마음이 거우듬하게 넘어와 있음을 느낀다.

-어제만 해도 완전하게 차 있던 달이 오늘은 벌써 거운해졌다.

-술에 취한 그가 가로등 아래 의자에서 거우듬히 앉아 있었다.

문장 짓기

골막하다

담긴 것이 가득 차지 아니하고 조금 모자란 듯하다.

-내가 골막해 보여 좋다고 하였는데 처음에는 그 의미를 몰랐었다.
-그는 사발에 막걸리를 골막하게 채워주었다. 그리고 내가 취하기를 바랐을 것이다.
-무엇이든 완전하게 채워진 것보다 부족한 듯 골막한 게 긴장감이 있어 좋다.
-골막한 마음으로 살아야 세상 신간이 편하다.

문장 짓기

📖 굴타리먹다

참외, 호박, 수박 따위가 땅에 닿아 썩은 부분을 벌레가 파먹다.

-아내가 나와 어린 딸을 남겨둔 채 세상을 떠났을 때 굴타리먹은 인생인 듯싶었다.
-굴타리먹은 낙엽들이 널브러져 있던 그해 가을, 그 길의 을씨년스러운 감정이 지금도 남아 있다.
-검은 구름에 걸려 있는 달이 마치 굴타리먹은 듯하다.

문장 짓기

그느르다

1. 돌보고 보살펴 주다. 2. 흠이나 잘못을 덮어 주다.

-비가 그치자 비에 젖은 새들을 바람이 그느르고 있었다.
-잘하든 못하든 변함없이 단비를 그늘러주는 그가 고

마울 뿐이다.

-아버지는 아랫사람을 그느르는 성정이 뛰어난 분이었다.

-그느르면 그느르는 대로 따르는 것이 반려동물이다.

-나는 종종 우리 직원들을 제대로 그느르지 못한 자책을 한다.

문장 짓기

 나볏하다

몸가짐이나 행동이 반듯하고 의젓하다.

-아르바이트를 하는 준이는 어린 나이에도 얼마나 나볏한지 함께 있으면 든든하다.

-기성세대는 요즘 아이들을 시쁘둥하게 보기도 하지만 대부분 나볏한 젊은이들이다.

-나볏하게 피어있는 소국이 내 감성 세포를 두드린다.

-시골집 마당으로 들어서면 작지만 나볏하게 서 있는 유자나무가 가을을 설레게 한다.

| 문장 짓기

 냉수스럽다(冷水)

사람이나 일이 싱겁고 아무 재미가 없는 듯하다.

-냉수스럽거나 맹물스러운 남자들은 단비뿐만 아니라 대부분 여자들이 안 좋아한다. 오빠는 늘 달착지근한 사람이었다.
-도시의 삶은 언제나 긴장감이 있어서 냉수스러운 날이 없다.
-보도 위를 뒹구는 낙엽이 냉수스럽스기도 하다.

| 문장 짓기

맹물스럽다

사람이나 일이 매우 싱겁고 재미가 없다.

-단비는 맹물스러운 데가 있으나 그래도 마음 여리기가 민들레 씨앗 같다.
-잔뜩 기대를 하고 나간 오빠와의 데이트가 맹물스럽기 이를 데 없었다.
-뜨거운 여름 골목에서 고양이들이 맹물스럽게 걷고 있다.
-빼곡하게 들어찬 도시 건물들이 맹물스럽게만 보인다.

문장 짓기

낯내다

생색내다

-아무 보수 없이 야근을 하곤 해도 단비는 낯내는 일

한 번 없었다.

-내가 고빗사위를 겪을 때마다 도와주었던 그는 낯내는 적이 없었다.

-눈 내리던 날 목도리를 선물하고서 슬쩍 낯내는 그녀에게 키스하고 싶은 충동을 느꼈다.

문장 짓기

 눈비음

남의 눈에 들기 위하여 겉으로만 꾸미는 일.

-원고를 읽다 보면 현란한 눈비음뿐, 내용이 별로 없는 경우가 더러 있다.

-문인들 가운데는 지나치게 눈비음에만 신경 쓰는 이들이 있다.

-눈비음에 초점이 맞춰진 작품해석들.

-그가 사람들에게 아무리 살갑게 대해도 그것이 눈비음일 뿐이다.

문장 짓기

 눌러듣다

1. 사소한 잘못을 탓하지 않고 너그럽게 듣다.
2. 그대로 계속 듣다.

-그는 끝없는 내 잔소리를 가만히 눌러듣곤 하였다.
-단비는 몸이 아픈 오빠의 변명을 눌러들을 수밖에 없었다.
-마음이 어지러워 바다를 찾았다. 고요한 바다가 회오리치는 내 마음속 이야기를 가만 눌러듣고 있었다.

문장 짓기

 나부대다

> 얌전히 있지 못하고 철없이 출랑거리다. ≒나대다.

- 고추잠자리 한 마리가 장독 위에서 끊임없이 나부대고 있었다.
- 요즘 그는 단비 앞에서 나부대는 일이 잦다. 왜 그럴까.
- 눈발이 바람을 타고 정신없이 나부대며 내린다.
- 밤새 나부대는 떡갈나무 숲 소리를 들으며 몸을 뒤척이던 그 산사의 가을이 그립다.

문장 짓기

 낫잡다

> 『…을』금액, 나이, 수량, 수효 따위를 계산할 때에, 조금 넉넉하게 치다.

- 아무리 낫잡으려 해도 그이는 내 성에 안 차는 듯하다.

-그는 아내를 위해 언제나 사랑을 낫잡아 두는 사람이었다.

-무엇을 사든지 낫잡아 퍼주는 시골 인심은 여전히 살아 있다.

문장 짓기

 너울가지

남과 잘 사귀는 솜씨. 붙임성이나 포용성 따위를 이른다.

-너울가지가 부족하였던 나는 그이가 없는 세상이 벅차기만 하였다.

-너울가지가 있거나 너울가지가 없거나, 너울가지가 좋거나 너울가지가 나쁘거나 다들 각자 모습으로 살아간다.

-사업하는 이가 너울가지보다 자존심을 앞세우면 일을 그르치기 십상이다.

-개펄 향을 마시며 마을 앞 강둑을 갇자니 갈대들이 너울가지 있게 사각사각 흔들려 쌓는다.

문장 짓기

 늑늑하다

성격이 너그럽고 활달하다.

-성정이 늑늑한 것이 그는 큰 정치를 할 사람이다.
-지금은 좀 어렵긴 하지만 우리 사장님은 늑늑한 인물이어서 곧 일어서게 될 것이다.
-성격이 늑늑해야 회사에서 사랑을 받는다.
-늑늑하게 불어대는 바닷바람이 우울한 마음을 맑혀주었다.

문장 짓기

📖 눈자라기

아직 꼿꼿이 앉지 못하는 어린아이.

-우리 아기가 눈자라기였을 때부터 오빠는 힘들어하기 시작하여 늘 나를 불안하게 하였다.
-비록 결혼은 하였으나 우리 사랑은 눈자라기처럼 언제 넘어질지 모르게 위태위태하였다.
-그는 나를 아무것도 홀로 할 수 없는 눈자라기처럼 불안해 하였다.

문장 짓기

📖 노량으로 [부사]

어정어정 놀면서 느릿느릿.

-안양천 벚꽃 길을 노량으로 걷는 사람들이 줄을 이었다.
-급하다고 하였는데 노량으로 일하는 그를 보자니 속

이 터졌다.

-이른 아침 풀숲을 벗어나 노량으로 기어가던 달팽이는 끝내 해를 먹고 말았다.

| 문장 짓기 |

 시적시적 [부사]

힘들이지 아니하고 느릿느릿 행동하거나 말하는 모양.

-무슨 일이 있느냐고 물었으나 그는 시적시적 걷기만 하였다.

-대꾸하기 싫은 듯 시적시적 말하는 태도가 내 비위를 한껏 거워 놓았다.

-달을 감췄다가 게워내며 시적시적 흘러가던 먹구름이 비를 뿌리고 만다.

| 문장 짓기 |

 능

빠듯하지 아니하게 넉넉히 잡은 여유.

-날마다 일에 사로잡혀 사는 일상, 새해에는 매사 능이 있는 삶이고 싶다.
-멀리 바라보며 능을 둔 마음으로 해드림출판사를 꾸려가려 한다.
-능을 두어 원고를 청탁하였으나 지금껏 시적시적거리고 있다.
-충분히 능을 두어 갚으라 하였으나 그는 여전히 느루 재고 있다.

문장 짓기

 동살

새벽에 동이 틀 때 비치는 햇살.

-커튼을 열어젖히니 때마침 동살이 퍼지고 있었다.

-동살이 틀 무렵이면 단비는 안양천 산책을 한다.

-아침마다 마을 앞산에서 퍼져오는 동살을 맞이하는 일, 단비의 꿈이다.

-갯강 건너뜸 마을에서 동살이 퍼져올 무렵이면 새들이 어슴푸레한 새벽을 날곤 하였다.

문장 짓기

 [관용구] **동살(이) 잡히다**

동이 터서 훤한 햇살이 비치기 시작하다.

-밤새 기도하며 한강을 걷다 보면 어느새 동살이 잡히곤 하였다.

-동살이 잡힐 때마다 기도를 한다, 내 영육에도 저 동살이 파고들도록.

문장 짓기

 덧정

주로 '없다'와 함께 쓰여 끌리는 마음.

-단풍조차 빠져버린 잎사귀를 단 채 초겨울 플라타너스들이 덧정 없이 서 있는 거리를 걸었다.
-사위가 덧정 없이 느껴지는 도시의 겨울이 갈수록 황량하다.
-내가 살갑게 굴면 굴수록, 그는 내게 덧정 없을 것이다.
-점점 일 중독이 되어 가는 듯하다. 이제 이곳도 덧정 없는 터가 되어 간다.

문장 짓기

 아옹하다

1. 굴이나 구멍 따위가 쏙 오므라져 들어가 있다.

-소나기가 쏟아지자 우리는 아옹하게 패인 언덕 아래

서 비그이를 하였다.

-세월의 흔적처럼 바닷가 절벽이 아옹하게 패였다.

-오랜 애옥살이가 둥글기만 하던 그의 마음을 아옹하게 만들었다.

-영적 가뭄이 오래가니 나의 영성은 점점 아옹하게 패여간다.

| 문장 짓기

2. 속이 좁은 사람이 제 뜻에 맞지 않아 시쁘둥히 여기는 티가 있다.

-어제 말다툼을 한 그녀가 나를 보자 아옹한 표정을 감추지 못하였다.

-몸이 아파 신경이 예민해진 그는 조금만 서운케 해도 금세 아옹한 낯꼴이 된다.

-아이는 처음 만나면 아옹한 표정이다가 시간이 좀 지난 다음에야 내게 슬며시 다가온다.

-아옹한 낯꼴의 하늘

문장 짓기

 뒷욕질

1. 일이 다 끝난 뒤에 욕해 대는 짓.
2. 마주 대하고 있지 않은 자리에서 욕해 대는 짓.

-뒷욕질 하는 이들을 무시한 채 나는 뚝심을 발휘해 그 일을 마무리하였다.
-모임이 끝나자 뒷욕질을 해대는 꼴이 볼썽사납다.
-울타리 속에서 시끄러운 참새들이 마치 세상을 향해 뒷욕질을 해대는 것 같다.
-시골 노인들은 뒷욕질하듯 남의 이야기를 해대는 때가 있다.

문장 짓기

📖 다붓하다

매우 가깝게 붙어 있다.

-절대 떨어져서는 안 되는 사람들처럼 다붓하게 앉은 연인들을 보니 단비 젊은 시절 생각도 좀 난다.
-두 마리 새가 전깃줄에 다붓하게 앉아 있다.
-안양천에는 철새들이 다붓하게 모여 겨울밤을 난다.

문장 짓기

📖 데림추

줏대 없이 남에게 딸려 다니는 사람을 비유적으로 이르는 말.

-지역감정저림 징지직으로 세뇌되어 있다는 것은 내 인생을 사는 것이 아니라 그들 인생의 데림추로 살아가는 것일 뿐이다.
-그를 잊지 못한 채 데림추로 흔들린 세월이 아득하다.

-또 한 해가 다 간다. 지난 시간, 데림추처럼 살아온 것은 아닐까.

문장 짓기

 당길심

제게로만 끌어당기려는 욕심.

-그는 단비를 향한 당길심이 꽤 있어 보인다. 내 생각일 뿐인지 모르겠지만.
-견물생심이다. 그 보석을 본 여자들에게 당길심이 왜 없으랴.
-세속의 당길심이라고는 없어 보이는 자그마한 산사를 찾았다.

문장 짓기

📖 드림줄

마루에 오르내릴 때 붙잡을 수 있도록 늘어뜨린 줄.

-오빠는 내게 언제나 드림줄이었다. 그가 세상을 떠난 후 드림줄이 사라진 듯 세상이 허정거렸다.
-세상을 살아가는 데 드림줄 같은 사람 하나 곁에 있으면 얼마나 든든할까.
-노모에게 드림줄이 되어 주지 못한 회한이 깊다.

문장 짓기

📖 당금같다(唐錦)

매우 보배롭고 귀하다.

-어찌 그대와 나의 당금같은 사람을 잇을까.
-누군가 내 곁에 있어도 여전히 당신은 당금 같은 내 사랑.
-헛된 꿈을 좇다가 당금같은 나의 30대를 허무하게 보

내고 말았다.

문장 짓기

 당싯거리다

어린아이가 누워서 팔다리를 춤추듯이 잇따라 귀엽게 움직이다. ≒당싯대다.

-이제 갓 당싯거리던 아이를 놔둔 채 젊은 엄마는 어찌 세상을 떠났을까.
-나비 한 마리가 유채꽃에 앉아 날개를 접었다 폈다 하는 것이 마치 어린아이가 당싯거리는 거 같다.
-바닷가 모래사장에서 뒤집힌 거북이 아이가 당싯거리듯 다를 휘적댄다.

문장 짓기

📖 달구치다

『…을』 무엇을 알아내거나 어떤 일을 재촉하려고 꼼짝 못하게 몰아치다.

-아버지가 외박을 할 때면 어머니는 다음 날 아버지를 달구치느라 정신이 없었다.
-끝없이 달구치는 의처증이 위험해 보인다.
-마무리해야 할 일이 밀린 연말이 다가오자 스스로 달구치며 정신을 바짝 차린다.

문장 짓기

📖 들마

가게 문을 닫을 무렵.

-온종일 한적하다 들마에 손님들이 몰려왔다.
-해 질 녘 들마가 되면 그는 가게 앞에 차를 세우곤 하였다.

-온종일 휘영하던 마음을 떨쳐낼 수 없어서 들마에도 손님들로 북적거리는 술집을 지나칠 수 없었다.

문장 짓기

 도린곁

사람이 별로 가지 않는 외진 곳.

-예전과 달리 요즘에는 으슥한 도린곁에서 데이트 하는 남녀가 없다.
-을왕리 해변을 돌아가면 후미진 도린곁에 예쁜 찻집이 있다.
-김 시인은 섬마을 바닷가 도린곁에 자그마한 집 한 채 지어 살고 싶어 한다.
-무덤들이 모인 도린곁에는 잡풀이 무성하였다.

문장 짓기

📖 당조짐

정신을 차리도록 단단히 단속하고 조임.

-나는 그가 없는 세상에서 당싯대는 아이를 보며 수 없이 스스로 당조짐하였다.
-긴장이 풀려 느슨하게 일하는 우리를 편집장님이 오늘 당조짐하였다.
-날마다 스스로 당조짐하여도 쉬 술 담배를 끊을 수 없었다.

문장 짓기

📖 도섭스럽다

주책없이 능청맞고 수선스럽게 변덕을 부리는 태도가 있다(노섭, 노섭실).

-참으로 도섭스러운 CEO다. 그러니 직원들이 늘 고달픈 것이다.

-하루에도 몇 번씩 도섭을 떨어대니 견딜 재간이 없는 것이다.

-비가 내렸다가 눈이 내렸다가 초겨울 날씨가 도섭질을 해댄다.

문장 짓기

 고섶

가장 손쉽게 찾을 수 있는 맨 앞쪽.

-지금 내게 가장 소중한 사람은 바로 고섶에 있는 그다.

-서점 책장에서 '화이트 로즈 녹턴'을 고섶에 두고도 못 찾았다.

-신간이 나와도 서점 매장 고섶에 놓이기란 거의 불가능하다.

문장 짓기

📖 드레지다

1. 사람의 됨됨이가 가볍지 않고 점잖아서 무게가 있다.
2. 물건의 무게가 가볍지 아니하다.

-참으로 드레진 사내, 그 앞에서 단비는 늘 작아진다.
-아버지를 닮아 그런지 동생은 드레진 몸가짐이 있다.
-안양천 밤길을 걸을수록 드레진 배낭이 몸을 짓누르는 듯하였다.

문장 짓기

📖 들썽거리다

가라앉지 않고 어수선하게 자꾸 들뜨다. ≒들썽대다.

-아무리 잊으라고들 하시만 지금도 그를 생각하면 늘 썽거리는 마음을 어쩔 수 없는 것이다.
-길을 가다가 그를 닮은 이를 보면 온종일 마음이 들썽거린다.

-세찬 바람이 휘몰아치는 겨울밤, 창밖은 밤새 들썽거렸다.

문장 짓기

 도두보다

실상보다 좋게 보다.

-다들 그를 도두보는 듯한데 그의 성정을 알고 나면 실망하게 될 것이다.
-모두 제 것만 도두보려는 세상이다. 다만, 제 것은 놔두고 남의 것만 도두보는 경향도 있다.
-늘 바빠서 허둥대는 겉모습만으로 사람들은 우리 회사를 도두보는 것이다.

문장 짓기

📖 도두치다

실제보다 많게 셈을 치다.

-의심 깊은 그 저자는 아무래도 출판비를 도두쳐 받은 듯싶은 모양이었다.
-요즘 카드 이자를 지나치게 도두쳐 받는다.
-사장님은 우리 능력보다 언제나 도두쳐 대우한다.

문장 짓기

📖 도두새기다

도드라지게 새기다.

-가난하게 살았지만, 그가 도두새긴 사랑은 수십 년 몰아친 비바람도 지울 수 없을 것이다.
-어린 시절 바닷가 마을에서 도두새긴 추억들이 지금도 윤슬처럼 반짝인다.
-한바탕 쏟아지던 장대비가 그치면 온 세상을 맑히며

쏟아진 햇살, 그 도두새겨진 추억들은 감미로운 선율이다.

> 문장 짓기

두미없다(頭尾)

> 앞뒤가 맞지 아니하고 조리가 없다.

- 나의 기도는 늘 두미없이 이어진다. 기도문을 쓰라면 자신은 있다. 하지만 두미없이 지껄여대는 기도가 어디 나 뿐인가.
- 흥분하다 보면 말이 두미없이 튀어나오곤 한다.
- 몸살로 신열을 내며 헛소리를 두미없이 이어갔다.

> 문장 짓기

해매

요사하고 간악한 기운.

-사람들의 영에는 누구나 해매가 깃들어 있다. 이는 기도 생활로 다스려야 한다. 해매가 자신의 영을 지배하게 놔둬서는 안 된다. 지나치게 섹스를 밝히는 남자들에게 이 해매가 끼어 있을 수 있다.
-아무래도 해매가 들었는지 매사 의욕을 잃었다.
-해매가 들었는지 오랫동안 이어오던 맑은 영이 술과 담배로 찌들어 간다.

| 문장 짓기

들피지다

굶주려서 몸이 여위고 쇠약해지다.

-호스피스 병실에서 오빠는 들피진 모습으로 흔들거리곤 하였다. 그때마다 아무 소리도 지르지 못한 채 눈물은

봇물 터지듯 쏟아져 내렸다.

-아프리카 아이들의 들피진 모습이 화면 가득 차게 들어온다.

-가족들이 떠난 후 오랫동안 비워둔 시골집이 들피진 듯해 보였다.

문장 짓기

 데생각

찬찬히 규모 있게 하지 아니하고 얼치기로 어설프게 하는 생각.

-급히 데생각으로 짜낸 기획안이 채택될 리 없었다.
-어디론가 떠나고 싶어 데생각으로 부산 여행을 떠올렸다.
-늘 하던 일이라 하여 데생각으로 처리하면 반드시 후회할 일 생긴다.

| 문장 짓기

 숫스럽다

순진하고 어수룩한 듯하다.

-겉으로는 숫스러운 데가 있어 보이지만 괜한 숫티인지 모른다.
-단비 앞에서 일부러 숫티를 내는 그가 조금은 귀엽기도 하다. 하지만 숫스러운 남자보다 자신감 있는 남자가 더 든든하다.
-숫스러워 보이는 그녀에게 연민을 느낀다.

| 문장 짓기

 **녓살**

고기가 떼 지어 모이는 곳에서 이는 물결. 거품과 함께 물결에 주름이 잡히면서 흔들린다.

-산란기를 맞은 요즘 안양천에는 잉어가 떼 지어 다니며 수시로 녓살을 일으킨다.
-바다 먼발치에서 일어나는 녓살이 햇살을 받아 어부를 더욱 흥분케 하였다.

문장 짓기

 생배앓이

아무런 이유 없이 갑자기 앓는 배앓이.

-허무하게 보낸 젊은 날 시간이 생배앓이를 일으킨다.
-부들레야에 앉은 하얀 나비가 생배앓이 하듯 힘겹게 날개를 접었다 폈다 한다.
-단비는 어떤 여자 앞에서 가끔 생배앓이 하는 일이 있다.

문장 짓기

 풀기

드러나 보이는 활발한 기운.

-온갖 꽃들이 만개한 이즈음 세상에는 풀기가 가득하다.
-시한부 삶이었던 그도 우우 터져 나오는 3월 생명의 풀기를 받아 부활하기를 바랐다.
-우리 사랑도 어느새 풀기를 잃어 아득해져 간다.

문장 짓기

 드난살이

남의 집에서 드난으로 지내는 생활

-단비가 한창 어려웠을 때 친구 오피스텔에서 드난살이를 이어갔다.

-마땅히 오갈 데 없는 녀석을 데려와 단비 집에서 잠시 드난살이를 시켰다.

-우리 해드림출판사도 머잖아 남의 건물에서 드난살이를 벗어날 때가 있을 것이다.

문장 짓기

 멋거리지다

멋이 깊숙이 들어 있다.

-단비는 미모와 지성이 멋거리진 여성이다.

-아빠가 단비를 위해 지어준 새집이 숲 속에서 멋거리져 보인다.

-단비는 노년이 되어도 멋거리진 모습이고 싶다.

-멋거리진 노송이 가득 찬 숲에서 들려오는 바람 소리가 신비롭다.

| 문장 짓기

 이짜

덕이나 은혜를 입은 사람으로부터 있을 것으로 기대하는 인사.

-물심양면으로 도와준 그분께 어떤 식으로든 이짜를 하고 싶은데 마땅히 떠오르는 게 없다.
-어려운 가운데서도 각별히 마음을 써주었는데 이짜도 모르는 그가 서운하다.
-이번 총선에서 그리 도와주었는데 그는 이짜도 모른다.

| 문장 짓기

 **풀솜할머니**

'외할머니'를 친근하게 이르는 말. 외손자에 대한 애정이 따뜻하고 두텁다는 뜻으로 이렇게 이른다.

-단비는 어린 시절 풀솜할머니 사랑을 듬뿍 받았다.
-우리 아이는 친할머니보다 풀솜할머니를 더 따른다.
-친할머니가 없는 아이는 풀솜할머니의 사랑을 독차지한다.

 문장 짓기

 이리

극장이나 영화관 따위에 지나치게 많은 관객이 들어와 만원을 이룬 것.

-임지인 장편소설 "화이트 로즈 녹턴"이 이리 사태를 일으키면 단비는 발가벗고 춤출 것.
-책이든 영화든 이리를 꿈꾸는 것은 마찬가지.

-해드림출판사도 늘 이리를 꿈꾼다.

문장 짓기

 신관

'얼굴'의 높임말.

-한때 논란이 되었던 존영이라는 말은 한문이지만 신관은 순우리말이다.
-그저 신관이라도 뵈옵고 가려고 한다.
-늙은 어머니의 신관이 여위어 보여 짠하다.

문장 짓기

 손포

1. 일할 사람. 2. 일할 양.

-단비 사무실은 날마다 손포가 모자란다.

-원고가 잔뜩 밀렸는데 단비 혼자 손포라 오늘도 쩔쩔매었다.

-단비만이 해야 할 손포가 쌓여 늘 허둥거리게 한다.

-아르바이트생 현민이가 온 이후로 손포를 덜 수 있었다.

문장 짓기

 서름하다

1. 남과 가깝지 못하고 사이가 조금 서먹하다.
2. 사물 따위에 익숙하지 못하고 서툴다.

-언제까지 오빠와 서름하게 지낼 수는 없어 단비가 먼저 그를 안아주었다.

-꽃무릇 사이에서 서름한듯 피어 있는 야생화들이 있었다.

-현민이는 처음 아르바이트를 와서는 수줍은 듯 서름한 기색이었다.

국어사전에 숨은 예쁜 낱말

-날마다 보는 교정인데 단비는 여전히 서름하다.
-새로 산 스마트폰에 한동안 서름하였다.

문장 짓기

한둔하다

한데에서 밤을 지새우다.
[비슷한 말] 초숙하다·초침하다.

-오빠는 깊은 밤 홀로 한강을 걸으며 한둔하곤 하였다.
-안양천과 샛강과 한강으로 이어지는 도로테아 순례길을 걷다 보면 한둔하기 마련이다.
-여름날 시골 내려가면 마당에 와상을 펴놓고 한둔하는 즐거움이 있다.

문장 짓기

📖 뜨막하다

사람들의 왕래나 소식 따위가 자주 있지 않다.

-날마다 찾아오다시피 한 그가 요즘 바쁜지 뜨막하다.
-예전에는 마을 앞으로 기차가 자주 다녔는데 요즘은 뜨막해요.
-거의 날마다 주고받던 메시지가 이제는 뜨막해졌다.

문장 짓기

📖 도리깨침

도리깨가 꼬부라져 넘어가는 모양으로 침이 삼켜진다는 뜻, 너무 먹고 싶거나 탐이 나서 저절로 삼켜지는 침을 이르는 말.

-단비 처녀 시절에는 남자들이 도리깨침을 삼킬 만큼 늘씬한 다리를 뽐냈다.
-단비는 오빠가 도리깨침을 삼키도록 저녁상을 차려내

곤 하였다.

| 문장 짓기 |

 두름성

=주변성(일이 잘되도록 이리저리 힘쓰거나 처리하는 솜씨).

-단비는 두름성이 좋아 어려울 때마다 그에게 큰 힘이 되어 주었다.
-모임을 이끌어 가는 두름성은 그를 따라올 사람이 없었다.
-두름성이 좋은 그에게는 늘 사람들이 따랐다. 두름성이 좋으면 무슨 일이든 기대 이상의 성과를 낼 수 있다.

| 문장 짓기 |

달보드레하다

약간 달콤하다.

- 그대, 기억하나요. 달보드레한 첫 키스의 기억을.
- 오늘따라 소주 맛이 달보드레하게 느껴진다.
- 비가 내리는 오늘 오빠와의 달보드레한 추억들이 밀려온다.

 문장 짓기

도사리

다 익지 못한 채로 떨어진 과실.

- 도사리가 되어버린 결혼생활이라니---.
- 도사리가 된 세월호 희생자들을 생각하면 여전히 가슴이 미어진다.
- 세상 모든 일이 내가 원하는 대로 이루어지는 것은 아니다. 때로는 도사리처럼 끝나버리기도 한다.

문장 짓기

 동뜨다

다른 것들보다 훨씬 뛰어나다.

- 탤런트 가운데 동뜨게 예쁜 혜교는 어디서나 빛난다.
- 오늘 단비가 만난 국제프리젠터는 미모뿐만 아니라 영어 실력도 동뜬 여성이었다.
- '고급스러운 우리 낱말'은 동뜬 우리말 가운데 고른 것이다.

문장 짓기

 무장 [부사]

갈수록 더.

-시간이 지나면 잊힐 줄 알았지요. 하지만 무장, 무장 더 그리워집니다.

-무장, 무장 풍성해지는 삶이 되어야 하리.

-빗밑이 무장 무겁다.

| 문장 짓기 |

 발씬발씬 [부사]

숫기 좋게 입을 벌려 소리 없이 방긋 웃는 모양.
(동사-발씬발씬하다)

-밤하늘을 봐요. 보름달이 발씬발씬 웃고 있어요.

-불그스레한 낯빛의 단비는 하얀 이를 드러낸 채 발씬발씬 웃는 모습이 참 예쁘다고 한다.

-이른 아침 일어나면 창가에서 나팔꽃이 발씬발씬 웃고 있는 시골집이 그립다.

| 문장 짓기 |

그들먹이 [부사]

일정한 범위 안에 거의 그득하게.

- 막걸리는 사발에 그들먹이 따라 마셔야 제맛이다.
- 우리 가슴에는 서로 애틋해 하는 마음이 그들먹이 차 있었다.
- 아버지는 우리에게 언제나 그들먹한 사랑을 베풀었다.

문장 짓기

시부저기 [부사]

별로 힘들이지 않고 거의 저절로.

- 시부저기 일하는 듯하면서도 어느새 그 밀린 일을 다 해치우곤 하였다.
- 공부를 시부적시부적 하는데도 그는 언제나 전교 일

등이었다.

　-시부적시부적 살아온 세월이 어느덧 불혹이라니.

　-나뭇잎이 시부적시부적 떨어지더니 어느새 나목이 되었다.

문장 짓기

 뒷갈망

=뒷감당.

　-뒷갈망을 어찌하려고 울뚝뺄을 부렸을까.

　-뒷갈망을 두려워해서는 지금 당장 얼킨 일을 풀기 어렵다.

　-때로는 과감하게 질러라. 지나치게 뒷갈망을 앞세우지 말라는 것이다.

　-한바탕 싸우고 나서 뒷갈망하게 될 때 어제나 단비가 먼저 나선다.

문장 짓기

떠세

재물이나 힘 따위를 내세워 젠체하고 억지를 쓰는 짓.

- 시쳇말로 갑질이 떠세 부리는 짓이다.
- 툭하면 떠세하는 고객도 요즘 흔하다.
- 떠세하듯이 비바람이 몰아쳐쌓는다.

문장 짓기

떡심

1. 억세고 질긴 근육.
2. 성질이 매우 질긴 사람을 비유적으로 이르는 말.

-떡심이 울근불근 한 것이 야성미가 넘친다.

-평생 농사를 지었던 아빠 손등에는 떡심이 지렁이처럼 꿈틀거렸다.

-그는 떡심이 있어서 어떤 빚단련에도 흔들리는 일이 없었다.

-사업하는 사람은 기본적으로 떡심이 있어야 하는데 오빠는 쉬 흔들렸다.

문장 짓기

 [관용구] **떡심(이) 좋다**

몹시 끈기 있게 질기도록 비위가 좋다.

-떡심이 좋아야 영업을 잘한다.
-떡심 좋은 사위가 사랑받는다.

문장 짓기

[관용구] **떡심(이) 풀리다**

낙담하여 맥이 풀리다.

-고빗사위를 맞을 때마다 떡심이 풀리곤 하였다.
-어린이 공원에서 잠시 아이를 잃어버리고는 한동안 떡심이 풀려 있었다.
-비가 내린 후 떡심 풀리듯 벚꽃 잎이 떨어졌다.
-월요일만 생각하면 떡심이 풀리던 때가 있었다.

문장 짓기

 뚝별씨

걸핏하면 불뚝불뚝 성을 내는 성질이나 그런 사람.

-병세가 깊어지사 성격이 예민할 대로 예민해져 매일 뚝별씨가 되었다.
-회사가 어려워지면 경영자는 당연히 뚝별씨가 되어 간다.

-창문이 뚝별씨처럼 덜컹거려쌓는다.

문장 짓기

 뚝별스럽다 [형용사]

아무 일에나 불뚝불뚝 화를 내는 별스러운 데가 있다.

-우리 편집장님, 요즘 왜 저리 뚝별스러운지 모를 일이다.
-너무 뚝별스러우니 말 걸기가 조심스럽다.
-무슨 말만 해도 뚝별스러우니 예민하기가 한데 켜 놓은 촛불 같다.

문장 짓기

📖 감궂다

1. 태도나 외모 따위가 불량스럽고 험상궂다.
2. 논밭 따위가 일하기 힘들게 거칠고 험하다(비교-곱단하다/곱다시).

-감궂게 생겼을 거라고 생각하였는데 화면에 비친 범인 얼굴은 곱단하였다.

-겉으로야 감궂게 보이지만 그 속은 곱다시 한 사람이다.

-마당가에는 텃밭이 있긴 해도 지나치게 감궂어서 채소 하나 가꾸기 어렵다.

문장 짓기

📖 초다짐(初)

1. 정식으로 식사를 하기 전에 요기나 입가심으로 음식을 조금 먹음 또는 그 음식. 2. 초벌로 미리 하는 다짐.

-일식집에서는 식사 전 대부분 초다짐으로 죽이 나온다.
-몹시 허기져 있을 때는 꼭 초다짐하는 게 필요하다.
-저녁때 소주는 초다짐으로 마셔야 제맛이다.
-카드 결제일이 다가오면 전화로 초다짐을 받아 자존심이 상하곤 하였다.

문장 짓기

 더치다

낫거나 나아가던 병세가 다시 더하여지다.

-다시 술을 마시기 시작하면서 조금씩 걷히던 내 영혼 속 어둠이 덧치기 시작하였다.
-상처가 아물어가더니 밤새우는 일이 잦아져 더친 듯하다.
-회복되어 가던 몸살이 덧쳐 끝내 입원을 한 것이다.
-상처가 덧치듯 고빗사위가 찾아왔다. 금세 추스르도록 몸과 마음을 당조짐한다.

국어사전에 숨은 예쁜 낱말

| 문장 짓기

 딴기적다(氣)

기력이 약하여 힘차게 앞질러 나서는 기운이 없다.

-지붕을 날릴 듯 휘몰아치던 바람이 날이 밝자 딴기적은 기세이다.
-밤새 앓는 소리를 내며 앓고 일어나더니 딴기적은 몰골이다.
-오래 앓은 탓인지 거동이며 목소리가 딴기적어 보인다.

| 문장 짓기

딴기적다

기력이 약하여 힘차게 앞질러 나서는 기운이 없다(딴기[-氣]: 냅뜨는 기운).

-며칠째 불볕이 내리쬐어 안양천 풀잎들이 딴기적게 늘어져 있다.
-남자 친구는 요즘 밤을 패며 아르바이트하느라 딴기적은 모습이다
-달빛을 구름에 빼앗긴 채 딴기적게 흘러가는 달이
-요즘 딴기적은 아내가 안쓰럽다.
-딴기 없어 보이는 젊은이들은 싫다.

문장 짓기

어깻바람

신이 나서 어깨를 으쓱거리며 활발히 움직이는 기운.

-대나무 숲이 어깻바람을 일으키며 출렁인다.

-억지로라도 어깻바람을 내자. 그것이 나를 일으키는 긍정의 힘이다.

-상황이 어려워도 상사가 어깻바람을 일으키며 일해 줘야 다른 직원들도 활기차게 일한다.

문장 짓기

 휘지다 [동사]

무엇에 시달려 기운이 빠지고 쇠하여지다.

-이른 새벽 집을 나선 어머니가 개펄 강 건너뜸 천마산에 이내가 서릴 무렵이면 휘진 몸을 이끈 채 어칠비칠 적막한 마당으로 들어섰다.

-자금 압박이 심해 그는 너무 오래 휘져 있었다. 이제 조금씩 어깻바람을 낸다.

-신목을 내워버릴 듯 연일 폭염이 이어져 산천초목이 휘져 있다.

문장 짓기

 휘지다(휘지어, 휘지니)

무엇에 시달려 기운이 빠지고 쇠하여지다.

- 날마다 거칠게 불어오는 빗단련으로 우리는 늘 휘져 있었다.
- 깊은 새벽, 형이 겨우 잠이 들면 형을 간호하느라 밤새 휘진 몸을 구석 침대에 뉘곤 하였다.
- 온종일 논에서 몸을 부린 어머니는 저녁뜸의 고요한 시간을 타고서야 휘진 몸을 이끌고 마당으로 들어섰다.

문장 짓기

📖 모도록 [부사]

채소나 풀 따위의 싹이 빽빽하게 난 모양. ≒모도록이.

- 아파트 한 귀퉁이 텃밭에서 상추가 모도록이 자라 지나가는 사람들의 손을 탄다.
- 늙은 엄마가 채마밭에서 모도록 자란 열무를 한 다발 솎아 보내오셨다.
- 시골에서 홀로 지내는 노모가 집을 비우면 마당에는 잡풀이 그리움처럼 모도록이 솟았다.

문장 짓기

📖 움돋이

풀이나 나무를 베어낸 데서 새로운 싹이 돋아 나옴. 또는 새로 돋아 나온 싹.

- 잘려나간 아카시아 나무 밑동의 움돋이를 보면 부활이 떠오른다. 투병 중인 그에게도 저리 파란 싹들이 모도

록이 돋았으면 싶다.
　-자갈이 깔린 마당에는 자주 풀을 뽑아내도 생명력 질기게 금세 움돋이 한다.

문장 짓기

 사부랑삽작 [부사]

힘들이지 않고 가볍게 살짝 건너뛰거나 올라서는 모양.

　-봄 녘을 어슬렁거리던 고양이가 바람을 가르며 사부랑삽작 담벼락으로 뛰어올랐다.
　-애써 떠올리는 게 아닌데 그가 사부랑삽작 가슴으로 달라붙는다.
　-징검다리 디딤돌들을 사부랑삽작 건너뛸 때마다 물 부딪는 소리가 가슴으로 튀어올랐다.
　-풀기 여린 햇살을 받으며 하얀 나비가 이 꽃 저 꽃으로 사부랑삽작 옮겨 다닌다.

문장 짓기

 아느작거리다

부드럽고 가느다란 나뭇가지나 풀잎 따위가 춤추듯이 가볍게 잇따라 흔들리다. [비슷] 아느작대다.

-내 어린 영혼들, 월요일이면 나를 만나러 오는 아이들이 가슴에서 아느작거린다.

-4월 햇살 사이로 바람이 속삭이듯 분다. 버드나무 이파리들이 윤슬처럼 반짝거리고 풀기 여린 연둣빛이 작은 가지에서 아느작거린다.

-어쩔한 그리움에 갇힌 듯 그의 침묵이 자꾸만 내게로 와 아느작거린다.

문장 짓기

📖 우비다

1. 틈이나 구멍 속을 긁어내거나 도려내다.
2. 온당치 못한 수단으로 남의 것을 호리어 빼앗다.

 -속이 꽉 찬 쑥을 삶아 노모가 껍질에서 살피듬을 우벼 주면 우리는 이를 안주 삼아 소주 잔을 들었다.
 -형제를 잃은 트라우마가 한 번씩 내 안의 상처들을 우벼내 슬픔을 일으키곤 하였다.
 -선량한 영혼들을 우비려는 지나친 광고 문구 표현이 눈살을 찌푸리게 한다.

문장 짓기

📖 안추르다

고통을 꾹 참고 억누르다.

 -세찬 비바람이 몰아치자 거대한 은행나무들이 슬픔을 안추른 채 휘우청거렸다.

-불볕더위로 목이 꺾인 해바라기들이 타는 갈증을 안추르며 눈물을 뚝뚝 흘릴 것만 같다.

-일 중독처럼 사로잡혀 있는 것들을 떼어내려면 살가죽을 벗겨내는 듯한 고통을 안추려야 한다.

문장 짓기

 간힘

숨 쉬는 것을 억지로 참으며 고통을 견디려고 애쓰는 힘.

-태풍이 몰아칠 때마다 포구의 배들은 계선주에서 풀리지 않으려 간힘을 쓰며 버텼다.

-이별의 아픔을 견디고자 오랫동안 그는 잠들기 전에도 간힘을 주며 이를 악물었다.

-고빗사위가 올 때마다, 백발이 괴롭힐 때마다 영적 간힘을 주며 나는 그분께 매달렸다.

문장 짓기

 [관용구] **신이야 넋이야**

하고 싶은 말을 거침없이 털어놓음을 비유적으로 이르는 말. ≒넋이야 신이야.

- 비바람이 몰아쳤다. 모든 창문이 신이야 넋이야 소리쳐쌓는다.
- 요즘 사는 일이 어수선한 모양이다. 그는 무언가를 향해 끊임없이 신이야 넋이야 중얼거린다.
- 아버지가 안 들어온 날이면 어머니는 설거지를 하며 연신 신이야 넋이야 중얼거렸다.
- 큰아들을 잃은 어머니는 대나무 숲 울어쌓는 밤새 신이야 넋이야 중얼거렸다.

문장 짓기

📖 알끈하다

> 무엇을 잃거나 기회를 놓치고서 오랫동안 잊지 못하고 아쉬워하다.

-지혜롭지 못한 꿈을 좇아 십여 년 헛되이 보낸 젊은 날이 늘 알끈하다.

-늙은 아버지의 뒷모습처럼, 살아온 날 알끈히 기억되는 사람 한둘 없으랴.

-붉게 물든 태양이 서서히 바다 속으로 사라지면 잃어버린 사랑이 알끈히 떠올라 석양 노을이 아팠다.

-이루지 못한 알끈한 사랑이야 누구에게나 기억 하나 있다.

-좀 더 자식들에게 희생하지 못하였다며, 어머니는 종종 알끈한 속내를 비치곤 한다.

| 문장 짓기 |

부르돋다/부르돋치다

우뚝하고 굳세게 돋다

 -'화이트 로즈 녹턴'을 탈고하던 날 밤, 하늘이 하도 맑아 벼들이 부르돋듯 솟아 있었다.
 -대나무 숲이 밤새 쉭쉭 울어대더니 다음 날 아침 대밭 여기저기 죽순이 부르돋쳐 있었다.
 -푸른 향연이 펼쳐진 들판에는 미루나무 한 그루가 하늘을 향해 부르돋쳐 있었다.

문장 짓기

들이돋다/들이돋치다

마구 돋다.

 -노모의 텃밭에는 풀기 여린 열무 싹이 당신의 자식 잃은 슬픔처럼 들이돋쳐 있었다.
 -시골집은 며칠만 비워두어도 마당에는 잡풀이 들이돋

왔다.

-짝이라도 잃은 것일까. 피리새가 저리 울어대는 것을 보면 슬픔이 들이돋아 견딜 수가 없나 보다.

문장 짓기

 도지다

1. 매우 심하고 호되다. 2. 몸이 야무지고 단단하다.

-뿌리가 약하니 한 번씩 영적 몸살을 도지게 앓으며 무너지곤 하였다.

-별 총총한 시골 어둠을 가르며 열차가 도지게 달리고 있었다.

-도지게 울어대던 여름밤 개구리들은 다 어디로 갔을까.

-바람이 도지게 불어쌓는다. 사방에서 휘파람 소리를 내며 창문이 떨어져 나갈 듯 덜컹거리는 밤, 휑한 사무실에서 새우잠을 청하며 뒤척거렸다.

문장 짓기

 알심

1. 은근히 남을 동정하는 마음이나 정성
2. 겉으로 드러나지 않는 야무지고 알찬 힘.

- 아픈 아이들을 바라보는 그의 눈빛에서 알심이 드러나 보인다.
- 또래보다 약해 보이는 하진이는 떠올리기만 해도 알심이 일렁인다.
- 겉모습과는 달리 알심이 있어 일 처리가 깔끔하다.

문장 짓기

📖 알심을 부리다

은근히 동정하는 마음 베풀다.

-지쳐 있을 때마다 그는 알심을 부리며 다가와 어깨를 토닥여주었다.
-가난한 이들에게 알심을 부리곤 한다.

문장 짓기

📖 쥐악상추

잎이 덜 자란 상추.

-홀로 산속에서 살아가는 그를 찾아가니 텃밭에서 솎아낸 쥐악상추로 비벼 먹자며 쥐코밥상의 점심상을 차려냈다.

문장 짓기

닭잦추다 [동사]

새벽에 닭이 홰를 치며 울다.

-하늘에는 별들이 초롱초롱한데 닭잦추는 소리가 티 없이 맑은 소나무 숲 어둠을 흔든다.
-시골집에서 글을 쓰다 보면 어느새 닭잦추는 소리가 들려 시계를 들여다보곤 한다.
-깊은 밤이면 개 짖는 소리가, 이른 새벽이면 닭잦추는 소리가 지금도 시골 어둠을 천 번이나 아름답게 한다.

문장 짓기

 자처울다 [동사]

닭이 점점 새벽을 재촉하여 울다.

-새벽닭이 자처울어쌓을 때까지 그를 생각하느라 뒤척이며 잠들지 못하던 날이 있었다.
-닭이 한 번씩 길게 자처울면 어둠이 성큼성큼 사라졌다.

-닭이 자처울기 시작할 즈음, 그동안 허무하게 무너졌던 영적 마음을 추슬러야겠다는 생각이 들었다.

> 문장 짓기

 우닐다 [동사]

> 1. 시끄럽게 울다. 2. 울고 다니다.

-이른 아침이면 마당가 울타리에서 우닐어 쌓는 참새 떼 소리가 잠을 깨웠다.
-술에 취하면 그는 잠들 때까지 우닐었다.
-비가 올 모양인지 창문이 우닐어 쌓는다.
-홀로 가을밤을 지새우는 밤이면, 풀벌레처럼 내 안에서도 무언가 우닐어 쌓았다.

> 문장 짓기

 늘키다

시원하게 울지 못하고 꿀꺽꿀꺽 참으면서 느끼어 울다.

-6개월밖에 살지 못한다는 말을 들었을 때 화장실 세면대 수돗물을 틀어놓은 채 숨이 넘어가도록 늘키었다.

문장 짓기

 부윰하다

빛이 조금 부옇다.

 부잇하다

빛이 조금 부옇다.

 부잇부잇하다

군데군데의 빛이 부옇다.

📖 부유스름하다

선명하지 않고 약간 부옇다. ≒부유스레하다.

-한 번씩 백발이 휘몰아칠 때마다 앞날은 온통 부윰해졌다.
-동살이 터지기 전 사방이 부잇해지면 고요하던 시골은 벌써 부스럭거리기 시작한다.
-부유스름한 기억들처럼 잠깐 나타났다 사라지는 것들. 언제부턴가 내 안에는 여우별이 살았다.
-당신 없으면 살아갈 수 없다는 그 한마디가 세상을 온통 부유스름하게 만들어버렸다.
-비가 내려 부유스름해진 유리창에서 도시의 불빛들이 어지러이 번진다.

문장 짓기

 해읍스름하다

산뜻하지 못하게 조금 하얗다. ≒해읍스레하다.

-세월이 흐를수록 서로 바라보는 눈이 해읍스름해진다.

-출판의 앞날이 해읍스름하다. 이런 때 장편소설 "화이트 로즈 녹턴"이나 인문도서 "조선의 꽃, 열하일기" 같은 책이 우꾼하게 힘을 내면 좋으련만.

-시간이 흐를수록 맑히는 내 기억과는 달리, 그는 나를 해읍스레하게 기억할 것이다.

문장 짓기

 내치락들이치락 [부사]

1. 마음이 내켰다 들이켰다 하는 변덕스러운 모양. ≒들이치락내치락. 2. 병세가 심해졌다 수그러들었다 하는 모양. ≒들이치락내치락.

-들이치락내치락 하던 소나기가 그치고 사위가 부잇부잇해졌다.

-태풍이 불어 닥치듯 한 번씩 고통이 휘몰아쳤다가 잦아들며 그녀의 병세가 날마다 들이치락내치락하여 가족

의 애를 태운다.

-자주 예민해져 내치락들이치락 하는 성격이라 비위 맞추기가 여간 어려운 게 아니다.

| 문장 짓기

되작거리다

> 1. 물건들을 요리조리 들추며 자꾸 뒤지다. 2. 이리저리 이모저모 살펴보다. ≒되작대다. 3. 생각을 이리저리 굴리다. ≒되작이다.

-입맛이 없는지 아이는 밥을 연신 되작거리고만 있다.

-기억을 찬찬히 되작거리다 보면 아름다운 문장이 떠오를 것이다.

-신작로에서 토끼풀 무지를 되작거리며 네 잎 클로버를 찾았다.

-푸르스름한 하늘은 밤새 별들을 되작거렸다.

-널따란 들판에서 무성하게 자란 푸른 벼들을 바람이 연신 되작거리는 모습이 장관이다.

문장 짓기

 난밭

1. 정한 범위를 벗어난 바닥. 2. 다른 고장.

-우리 사랑은 이미 울타리를 넘어 난밭으로 떨어졌다.
-나를 티 없이 사랑하시는 그분은 내가 난밭으로 떨어져도 외면치 않으시리.
-점차 의심이 불어나 생각이 자꾸 난밭으로 빠진다.

문장 짓기

 헝그럽다 [형용사]

1. 여유가 생겨 마음이 가볍다.
2. 동작이나 태도가 여유가 있다.

헝그레 [부사]

1. 여유가 생겨 마음이 가볍게.
2. 동작이나 태도가 여유가 있게.

-긴 터널을 빠져나온 그는 요즘 한결 헝그러운 표정이다.
-날마다 일에 사로잡혀 있다가 훌쩍 떠나온 여행길이 헝그럽기만 하다.
-언제나 쫓기는 듯한 일상의 나와는 달리 그는 매사 헝그럽다.
-바람이 차갑게 분다는 것, 비가 내린다는 것은 헝그러운 마음을 움츠리게 한다.

문장 짓기

적바르다

어떤 한도에 겨우 자라거나 이르러 여유가 없다.

-옴나위없이 적바른 삶에서도 감사하며 살 수 있다면 행복한 삶이다.

-지금도 적바른 사업이라 힘들긴 하지만 우리를 빛나게 해줄 꿈 하나 이루고야 말겠다는 의지는 잉걸불처럼 이글거린다.

-마치 사육되는 삶처럼 하루하루 살아가기 적발라도 가슴속 기쁜 빛을 꺼트리면 안 된다.

문장 짓기

 적바림

나중에 참고하기 위하여 글로 간단히 적어 둠. 또는 그런 기록.

-내 삶의 숱한 적바림들, 이제는 모두 태워야 한다.

-시상이 떠오를 때마다 적바림해 둔 메모만 시집 수 권 분량이다.

-밤하늘의 별들처럼 반짝이는 적바림이 어느 때인가는 실제, 별들이 될 것이다.

문장 짓기

옴나위없다

1. 꼼짝할 만큼 적은 여유도 없다.
2. 어찌할 도리가 없다. 또는 달리 표현할 방법이 없다.

-옴나위없이 들어찬 도시의 빌딩들이지만, 저 어느 곳도 그 한 몸 뉠 자리 없다는 현실이 오히려 그를 가볍게 한다.

-때로는 친구로, 때로는 동반자로 너무 오랫동안 그리고 너무나 멀리 함께 걸어왔다. 이제 되물릴 수 없는, 옴나위없는 길이다.

-옴나위없이 움직이는 차량을 보면 도시 삶이 숨 막힌다.

문장 짓기

 **보암보암**

(보암보암에, 보암보암으로 꼴로 쓰임) 이모저모 살펴보아 짐작할 수 있는 겉모양.

-내가 현재 어떤 상황인지 그녀에게 보암보암이 말해 줄 마음이 없었다.
-보암보암으로는 형편이 나아 보이지만 여전히 어려움을 겪고 있다.
-갑자기 찾아온 아우는 보암보암에 뭔가 부탁할 일이 있는 듯하였다.

문장 짓기

 찔레꽃가뭄

모내기 철이자 찔레꽃이 한창 필 무렵인 음력 5월에 드는 가뭄.

-찔레꽃가뭄 속에서도 아카시아는 분분하게 향기를 휘

날린다.

-어린 시절 찔레꽃가뭄이 들 때면 어머니는 더 야위어 보였다.

-찔레꽃가뭄에도 장미는 시들지 않는다.

문장 짓기

 웃비걷다(웃비걸어, 웃비걸으니, 웃비걷는)

좍좍 내리던 비가 그치며 잠시 날이 들다.

-매일 죽을 듯이 힘들어도, 살다 보면 웃비걷듯 환하게 웃는 날도 있다.

-잠시 웃비걷는 틈을 통해 강아지들이 마당으로 나왔다.

-날마다 어둡던 우리 사장님 얼굴이 오늘은 웃비걷듯 환해졌다.

-요새 자주 웃비걸으니 곧 긴 장마가 끝날 모양이다.

문장 짓기

엉겁

끈끈한 물건이 범벅이 되어 달라붙은 상태.

-3월 초봄인데 여기저기 엉겁이 된 눈덩이가 널브러져 있다.

-요즘 스트레스가 쌓인 탓인지 침대에서 일어나니 코피가 달라붙어 엉겁이 되어 있었다.

-어릴 적 마을 앞 개펄에서 놀다 나오면 머리칼은 개펄로 엉겁이 되었다.

문장 짓기

📖 타분하다

1. 입맛이 개운하지 않다 2. 음식의 맛이나 냄새가 신선하지 못하다 3. 날씨나 기분 따위가 시원하지 못하고 답답하다.

-심하게 몸살을 앓고 난 후여서 음식을 먹어도 입맛이 타분하다.

-집을 나서면서 아내와 말다툼을 하고 났더니 온종일 기분이 타분하였다.

-모처럼 들른 식당, 반찬으로 나온 콩나물이 쉰 듯 타분하였다.

-날씨가 쾌청해야 사람 기분도 맑아진다. 며칠째 웃날이 이어져 기분조차 타분하다.

| 문장 짓기 |

📖 모름하다

생선이 신선한 맛이 적고 조금 타분하다.

-재래시장 생선 가게의 생선들이 오래되었는지 하나같이 모름해 보인다.

-힘내라며 토닥거렸지만 모름해 보이는 생선처럼 오늘도 그는 풀기가 없다.

-기대를 하고 포구로 나갔으나 모름해 보이는 생선들 뿐이어서 발길을 돌렸다.

문장 짓기

 장대다(장대어, 장대니)

마음속으로 기대하며 잔뜩 벼르다.

-세종도서 선정 발표일이 다가오자 김 작가는 날마다 장대는 눈치다.

-좋은 꿈을 꾸었다며 복권을 샀던 그의 장대는 폼이 안쓰럽다.

-거래처에서 결제를 해달라며 장대는 날이 잦아져 김 사장의 한숨이 깊어간다.

-새 남자가 생긴 후 내게 헤어지자는 말을 하려고 장대

고 나온 그녀였다.

문장 짓기

 웃날

흐렸을 때의 날씨를 이르는 말.

-연이어 이어진 웃날로 꽃들조차 우울해 보인다.
-바람도 차가운 한겨울, 웃날이 을씨년스럽기만 하다.
-퇴근길 전철 속, 사람들 틈새 파묻힌 네 모습을 보면 내 마음은 금세 웃날이 되고 만다.
-금세 웃날이 된 그녀의 표정을 보니 무언가 마음 상하는 일이 있나 보다.

문장 짓기

[관용구] **웃날이 들다**

흐렸던 날씨가 개다.

-힘내자. 우리도 웃날이 들 때가 있을 거야.
-제대로 걷지 못하던 노모가 뒤늦게 무릎을 수술하여 봄이면 꽃구경할 수 있게 되었으니 노모의 삶도 이제 웃날이 든 셈이다.
-사는 게 아무리 힘들어도 웃날이 들 때가 꼭 오는 게 인생이다.

문장 짓기

 알음장

눈치로 은밀히 알려 줌. 알음장하다: 눈치로 은밀히 알려 주다

-그만하라는 알음장을 주어도 그는 계속 친구의 험담을 늘어놨다.

-아이들은 서로 알음장을 하다가 친구를 혼자 둔 채 슬며시 빠져나갔다.
　-엷은 구름 사이로 여름밤 별들이 알음장하듯이 반짝거린다.
　-안양천 코스모스밭으로 다가서자 녀석들이 무언가 알음장을 나누는 듯하더니 훅 향기를 내뿜었다.

문장 짓기

 언덕눈질

1. 비스듬히 넘겨다보는 눈질.
2. 이상히 여겨 은밀히 눈여겨 주시하는 일.

　-혼자 놀고 있는 아이를 언덕눈질로 지켜보는 할아버시 보습이 사애톱다.
　-오늘도 그녀가 웃낯이 되어 나는 쉬 말을 건네지 못한 채 언덕눈질만 한다.
　-내게 혼이 난 강아지가 구석에서 언덕눈질을 보내고

있다.

문장 짓기

 넌짓넌짓

드러나지 않게 가만가만히.

- 깊은 어둠 속에서 널따란 한강이 넌짓넌짓 흐른다.
- 밀물 때가 되니 바닷물이 백사장을 넌짓넌짓 덮어오고 있다.
- 넌짓넌짓 꾸려온 출판사가 어느덧 수백 종 책을 출간하였다.
- 냉가슴을 앓으며 오랫동안 넌짓넌짓 지켜보다가 드디어 사랑 고백을 하였다.

문장 짓기

 **암만하다**

1. 이러저러하게 애를 쓰거나 노력을 들이다.
2. 이리저리 생각하여 보다.

-낯꽃을 보니 암만해도 그에게 무슨 큰 걱정이 있는 모양이다.
-암만해도 그녀는 물러서지 않을 것이다.
-암만해도 오늘 비가 오려나 보다.

문장 짓기

 비라리하다(=비라리청하다)

구구한 말을 하여 가며 남에게 무엇을 청하다.

-내 코가 식자인데 하도 비라리 치며 사정하는 바람에 거절할 수 없었다.
-밤새 묵주기도 하며 걷는 동안, 그녀의 치유를 위해 비라리청하며 기도를 하였다.

-만나기만 하면 비라리하는 친구를 멀리할 수밖에 없었다.

문장 짓기

 비사치다(비사치어, 비사쳐, 비사치니)

직설적으로 말하지 않고, 에둘러 말하여 은근히 깨우치다.

-성경에서 예수님은 대부분 비사치어 말씀하신다.
-무조건 달구치기보다 비사치어 말할 때 상대 마음을 덜 상하게 할 수 있다.
-비사쳐 말할 줄 아는 세련된 화법을 지닌 그다.

문장 짓기

구름장(張)

넓게 퍼진 두꺼운 구름 덩이.

-밤하늘을 메운 구름장 사이로 이따금 달빛이 어른어른 새어나왔다.

-마을 하늘을 뒤덮은 구름장이 앞산 동살을 향해 흘러간다.

-비 갠 아침, 달팽이를 닮은 거대한 구름장이 느릿느릿 흐르고 있다.

-하루가 살얼음판을 걷던 그때, 앞일을 생각하면 마음 가득 구름장이 끼었다.

-하늘 여기저기 흩어진 구름장들이 서로 모이기 시작한다.

-직원들은 모른다. 사장 가슴에는 늘 구름장이 끼어 있다는 것을.

문장 짓기

속종

마음속에 품은 소견

- 내 속종으로야 대통령의 운명은 위태로워 보인다.
- 내 속종으로는 그들 사이가 오래 가지 못할 듯하다.
- 딸내미의 속종에 의하면 이제 남자 친구와 헤어져야 할 때가 된 것이다.

문장 짓기

악풀이하다(惡)

마음속에 모질게 일어나는 악을 풀다.

- 시커먼 구름장처럼 감정이 쌓인 아내는 악풀이 하듯이 새청을 질러댔다.
- 상사에게 질책을 당한 그는 악풀이로 서류 뭉치를 내동댕이쳤다.
- 장대비가 마치 악풀이하듯이 쏟아졌다.

-주인에게 얻어맞은 강아지가 애먼 병아리를 쫓으며 악풀이를 해댄다.

| 문장 짓기 |

 암띠다(암띠어, 암떠, 암띠니)

1. 비밀스러운 것을 좋아하는 성질이 있다.
2. 수줍은 성질이 있다.

-소년은 몹시 암떠서 그 소녀에게 아무런 말도 붙이지 못하였다.
-동창회에서 만난 그녀는 중년 여인임에도 어릴 때처럼 여전히 암띠어 보였다.
-스무 살 시절, 암띠고 고요한 성격의 그녀를 오랫동안 잊지 못한다.
-담벼락 아래 암띠듯 피어 있는 옥잠화
-그는 암띠어 인적 드문 해안가 여기저기를 홀로 돌아다녔다.

문장 짓기

 새잡다(새잡아, 새잡으니, 새잡는)

남의 비밀 이야기를 엿듣다.

-우연히 두 청춘 남녀의 대화를 새잡으니 참으로 기분이 묘하였다.
-앞자리에서 소곤거리는 이야기를 자는 체하며 새잡았다.
-안방에서 부모님 다투는 소리가 들렸을 때 나는 새잡듯이 귀를 기울였다.
-어둠 속에서 바스락거리는 소리가 들리자 우리 집 백구는 새잡듯이 귀를 쫑긋 세웠다.

문장 짓기

 **입찬소리**(=입찬말)

자기의 지위나 능력을 믿고 지나치게 장담하는 말.

-위기 상황에서 쏟아내는 입찬소리는 공허할 뿐이다.
-잘해주지 못해 미안해서 '나중에 잘할게' 하던 말은 진심이었는데 그녀는 언제나 입찬말로 받아들였다.
-'입찬말은 무덤 앞에서 하라'라는 속담이 있다. 이는 자기를 자랑하며 장담하는 것은 죽고 나서야 하라는 뜻으로, 쓸데없는 장담은 하지 말라는 뜻이다.
-명문대라도 들어갈 듯 그는 입찬말을 해댔다.
-언제나 입찬소리를 앞세우지만, 실제 이루어진 일은 없었다.
-삶이 어려울 땐 풀기 없이 지내는 것보다 일부러 입찬소리라도 내야 힘이 난다.

문장 짓기

📖 집알이하다

새로 집을 지었거나 이사한 집에 집 구경 겸 인사로 찾아보다.

-집알이는 집들이와는 다른 뜻이다. 주인이 손님을 초대하는 의미가 집들이라면, 집알이는 손님 스스로 인사차 찾아가는 뜻이다.
-평창 산속으로 이사한 지인에게 집알이 한 번 가야 하는데 좀처럼 시간 내기가 어렵다.
-수년 동안 고생하여 집을 마련한 아우에게 형제들이 집알이를 하였다.

문장 짓기

📖 치렛거리

1. 인사치레로 삼는 거리
2. 그럴듯하게 보이도록 두는 장식품 따위

-어머니는 찾아온 손님들 치렛거리 챙기느라 여념이 없었다.

-명절이 되어도 한동안 치렛거리 챙길 형편도 못 되었다.

-장남인 형에게는 명절 치렛거리로 들어간 비용이 적잖았다.

-책장 가득 꽂힌 책들이 아무래도 치렛거리로 보인다.

문장 짓기

 군잎

필요 없는 잎.

-이별을 한 후 군잎처럼 붙은 허무를 떼어내지 못한 채 나는 겨울 여행에서 돌아왔다.

-오랜 시간 같이 지냈어도 여전히 평행선을 달린다. 우린 서로 군잎 같은 존재일까.

-좋은 수필을 쓰려면 자기 글의 군잎을 볼 줄 알아야 하고, 그 군잎을 떼어낼 줄 알아야 한다.

-우리 인생에서 술과 담배는 군잎 같은 존재일 뿐이다.
-이른 봄, 나목에는 지난겨울 군잎들이 미련처럼 붙어 있다.

문장 짓기

 발롱발롱

적은 양의 국물 따위가 약한 불에서 끓을락 말락 하는 상태로 천천히 뒤섞이는 모양.

-따스한 햇살 사이로 봄뜻이 발롱발롱 느껴진다.
-우리 사랑이 발롱발롱하게 끓어오르려던 순간, 걷어 낼 수 없는 구름장이 끼었다.
-방안에서 분위기가 발롱발롱 잡혔으나 대문 여는 소리로 금세 식어버렸다.
-새해부터 금연하겠다는 결심이 발롱발롱하다가 그쳐 버렸다.

문장 짓기

 볼찬소리

성이 나서 볼이 부어 내는 소리.

- 젊은 날 내 가슴 속에는 볼찬소리로 가득하였다.
- 무엇이 그리 불만일까. 그는 볼찬소리를 달고 산다.
- 파도가 볼찬소리를 내며 모래사장을 날름거렸다.
- 요즘 다들 살기가 어렵다며 볼찬소리를 내뱉는다.

문장 짓기

 갈씬갈씬

겨우 닿을락 말락 하는 모양.

- 수술 후 목이 마르다는 노모에게 갈씬갈씬 목을 축여 주었다.
- 긴 혹한이 지나 봄이 오는 소리가 갈씬갈씬하게 들린다.
- 한차례 소나기가 뿌렸으나 오랜 가뭄 끝의 초목에게는 갈씬갈씬할 뿐이다.
- 무더운 여름밤 갈씬갈씬한 바람.
- 밤새 글을 쓰다 마당으로 나가니 먼동이 갈씬갈씬 터 왔다.

문장 짓기

 주체스럽다(주체스러워, 주체스러우니)

처리하기 어려울 만큼 짐스럽고 귀찮은 데가 있다.

- 깊은 밤 샛강을 걷는데 비가 추적추적 주체스럽게 내렸다.
- 가로수 낙엽들이 주체스럽게 쌓여있다.

-원고 청탁을 하였더니 김 시인은 추체스러운 듯한 표정이었다.
-애옥살이 형편에서는 돈 빌려달라는 말이 주체스러울 수 있다.

문장 짓기

 자귀

짐승의 발자국.

-산밭의 눈 위로 길게 이어진 자귀가 외롭다.
-소복하게 쌓인 눈 위로 자귀들이 어지러이 흩어져 있다.
-겨울이 되면 마을 사람들은 자귀를 짚어 덫을 놓곤 하였다.

문장 짓기

오로지하다

1. 오직 한 곬으로 하다. 2. 혼자서 독차지하다.

-내가 이름 붙인 도로테아 순례길을 따라 깊은 밤 어둠을 오로지하며 안양천을 걷곤 하였다.

-형이 하루하루 시들어 갈 때 세상 모든 슬픔을 오로지한 듯한 고통이 밀려왔다.

-반려견 포메라니안은 우리 가족의 사랑을 오로지하였다.

문장 짓기

 ## 에우치다

둘러서 가리거나 막다.

-바닷가 바람이 차갑자 점퍼를 벗어 슬며시 아내의 여린 어깨를 에우쳐주었다.

-구름이 어느새 석양의 해를 에우쳐 기대하였던 일몰

을 놓쳐버렸다.

-현관 앞 두 그루의 은행나무가 하늘을 찌를 듯이 자라 빌라를 에우치어 있다.

-빌딩 숲이 에우친 도시는 언제나 삭막해 보인다.

문장 짓기

새청

새된 목소리.

-깊은 밤 인적 없는 안양천을 걷다 보면, 커다란 두루미가 새청을 지르며 날아올라 소름을 돋게 한다.
-어두운 골목길에서 발정 난 고양이들이 새청을 질러 대며 싸움질을 하는 듯하다.
-아이돌 가수가 등장하자 소녀들이 새청을 지르며 환호하였다.
-살다 보면 이유 없이 새청을 우끈하게 지르고 싶을 때가 있다.

문장 짓기

 우덜거지

허술한 대로 위를 가리게 되어 있는 것.

- 샛강을 걷는데 갑자기 비가 쏟아져 머리 덮을 우덜거지라도 간절하였다.
- 우덜거지라도 덮었으면 좋으련만 차가운 바닥에서 잠을 청하는 노숙자를 보니 내 뼛속까지 찬기가 느껴지는 듯하다.
- 어렵게 겨울을 나는 그들에게 우덜거지라도 되어 주고 싶다.
- 바스락거리는 소리가 들려 바라보니 낙엽을 우덜거지 삼아 꿩이 몸을 숨기고 있다.

문장 짓기

이아치다(이아치어, 이아쳐, 이아치니)

1. 자연의 힘이 미치어 손해를 입다. 또는 그렇게 하다.
2. 거치적거려 방해가 되거나 손실을 입다. 또는 그렇게 하다.

- 온종일 비바람이 이아쳐 목련이 꽃을 잃은 채 허무하게 서 있다.
- 느닷없는 우박이 이아치어 사과나무 가지들이 처참한 지경이다.
- 세파가 이아친 노모의 손등에는 핏줄 하나 안 보인다.
- 파도에 이아친 난파선이 그 섬을 더욱 쓸쓸하게 하였다.
- 나는 지금껏 그의 삶을 이아치며 살았다.

문장 짓기

빚단련하다(鍛鍊)

빚쟁이가 빚 갚기를 독촉하여 못 견디게 시달리다.

-빚단련하다 끝내 목숨을 내려놓는 사람들을 보면 옛 기억이 떠올라 눈물이 난다.
 -아버지가 떠난 후 어린 자식 다섯을 거두며 어머니는 빚단련을 하느라 모진 세월을 보냈다.
 -자존심이 갈기갈기 찢기는 빚단련을 겪어도 묵묵히 견디다 보면 사업이 활짝 피는 날이 온다.

문장 짓기

 넨다하다

어린아이나 아랫사람을 사랑하여 너그럽게 대하다.

 -때로는 넨다하듯이 세상을 바라볼 필요가 있다.
 -누이는 아버지 산소 여기저기 흩어진 제비꽃을 넨다하듯 슬며시 어루만지고 있다.
 -내가 마산선비라 부르는 수필가 한판암 교수님과의 인연이 15년이 되어간다. 그동안 그가 넨다하는 성정을 벗어난 때를 한 번도 본 적이 없다.

문장 짓기

군마음

> 쓸데없는 생각을 품은 마음.

- 겨울 나뭇가지에 붙은 군잎처럼 내게도 군마음이 덕지덕지 붙는다.
- 소나무 숲에서 눈을 감은 채 솔잎 스치는 바람 소리를 듣는다. 군마음 하나 없이 고요하다.
- 고생은 사서도 한다. 고민은 사서할 필요가 없다. 괜한 고민은 군마음일 뿐이다.
- 몸매가 예쁜 여자들을 볼 때 어찌 군마음이 안 생기랴.
- 깊은 밤 묵주기도를 하며 안양천을 걸을 때면 군마음이 기도를 사로잡곤 한다.

문장 짓기

 **발바투** [부사]

1. 발 앞에 바짝 닥치는 모양.
2. 때를 놓치지 않고 재빠르게.

-상큼한 샴푸 향을 풍기며 그녀가 발바투 다가서자 가슴이 우둔거려 숨이 막혔다.
-와락 끌어안기라도 할 듯 그녀가 내게 발바투 다가섰다.
-파도가 발바투 밀려와 등대를 곧 집어삼킬 듯하였다.
-열정을 다 쏟아 하는 일도 아니다 싶을 때는 인생 열차를 발바투 갈아탈 줄 알아야 한다.
-회사가 기울어지자 그녀조차 때를 맞추어 발바투 떠났다.

문장 짓기

 생먹다 (生 생먹어, 생먹으니, 생먹는)

1. 남이 하는 말을 잘 듣지 않다. 2. 일부러 모르는 체하다.
3. 매 따위를 사냥을 위하여서 가르쳐도 길이 잘 들지 않다.

-어서 봄이 오기를 간절히 바라지만 추위가 멀뚱멀뚱 여전히 생먹는 중이다.

-못마땅한 일이 있는지 그녀는 내 말을 생먹었다.

-가까이 가려 해도 우리 집 고양이는 먹이 줄 때 외에는 늘 나에게 생먹는다. 나쁜 녀석.

-가는귀가 어두운 노모는 누군가 말을 걸어도 생먹는 듯한 표정을 해 내 마음을 아프게 한다.

-한 번 한 약속을 그는 생먹는 법이 없다.

-아무리 이런저런 훈련을 시켜도 우리 집 강아지는 생먹기만 한다.

문장 짓기

유체스럽다

잰 체하고 진중한 체하며 말이나 행실 따위가 온화한 데기 없다.

-유체스러운 성격 탓인지 그의 곁을 떠난 이가 한둘 아니다.

-자신감이 넘쳐서 그럴 뿐 그가 유체스러운 사람은 아니다.

-안양천 길섶 새하얀 억새를 괴롭히며 바람이 유체스럽게 불어쌓는다.

-덩치가 큰 그 아이는 겉으로 유체스러워 보이지만 속정 깊고 여리다.

문장 짓기

 흘레바람

비를 몰아오는 바람.

-흘레바람처럼 다가오더니 그녀는 끝내 눈물을 뿌렸다.

-며칠째 가을 햇볕을 받으며 더욱 홍조를 띠던 사과들이 흘레바람 불어오니 창백해진 모습이다.

-흘레바람이 불어오자 어머니는 서둘러 빨래를 걷어 들였다.

-비를 묻힌 흘레바람이 어둠 속 발길을 무겁게 하다.

문장 짓기

 정차다(情)

정이 있어 몹시 따뜻하다.

-겨울 햇살이 시골집 창틈으로 정차게 들어왔다.
-외할머니가 어린 우리를 정차게 바라보던 눈빛을 잊지 못하다.
-유체스럽기만 하지 사람이 정찬 데가 없다.
-내 가슴 속 그의 빈자리는 세월이 한참 흘렀어도 정차게 느껴진다.

문장 짓기

📖 선웃음

우습지도 않은데 억지로 꾸며 웃거나 남의 환심을 사려고 능청스럽게 웃는 웃음.

- 선웃음일지라도 할머니는 늘 웃음 띤 얼굴로 학교에서 돌아오는 나를 맞아주었다.
- 불편한 마음을 감춘 채 선웃음을 치며 인사를 나누었다.
- 선웃음 치며 다가오는 것을 보니 또 무언가 부탁할 일이 있지 싶었다.
- 새벽길을 나설 때면 구름 한 점 없는 밤하늘에서 선웃음을 치며 상현달이 나를 좇았다.

문장 짓기

📖 옷주제

변변하지 못한 옷을 입은 모양새.

-겨울로 접어들자 옷주제가 사나운 플라타너스 가로수들이 처량해 보인다.
  -초라한 옷주제가 지난밤 한데서 잠을 잔 듯하다.
  -눈밭에서 뒹굴다 온 우리 옷주제가 말이 아니어서 어머니가 끌끌 혀를 찼다.
  -옷주제야 궁색해 보여도 사실 그는 알찬 사람이다.
  -오늘 내 마음의 옷주제가 너덜너덜하다.

문장 짓기

 머루눈

> 눈동자가 머루알처럼 까만 눈을 비유적으로 이르는 말.

  -어느 날 머루눈을 가진 엘크가 뿔이 잘린 채 허영거리는 모습을 보았다.
  -꿈속에서 머루눈을 가진 작은 소녀가 무슨 말인가 하려는 듯 나를 빤히 쳐다보았다.
  -아이들의 머루눈은 맑은 영혼을 뜻하다.
  -머루눈과 긴 생머리가 뭇 남자들의 가슴을 설레게 하

였다.

문장 짓기

 솟뜨다(솟떠, 솟뜨니)

아래에서 위로 솟아 떠오르다.

-한동안 깊이 가라앉아 있던 슬픔이 이즈음 솟뜨기 시작한다.
-잔잔하던 안양천 수면 위로 새끼 오리들이 여기저기서 솟떴다.
-순간적으로 화가 솟떠 그녀에게 상처가 되는 말을 뱉어내고 말았다.
-떠오르는 아침 해를 바라보면 삶의 열정이 솟뜨곤 한다.

문장 짓기

 **몰몰** [부사]

냄새나 연기 따위가 조금씩 약하게 피어오르는 모양.

-저녁이면 부엌에서 몰몰 흘러나오던 갈치 굽는 냄새가 우리를 행복하게 하였다.
-해 질 무렵 마을 여기저기서 몰몰 피어오르던 굴뚝 연기를 지금은 거의 볼 수가 없다.
-고향 마을 앞 개펄 바다 강둑을 걷노라면 개펄로 뒤범벅이 된 어린 시절 추억들이 몰몰 피어오른다.
-호수 물낯 위로 물안개가 몰몰 흘러간다.
-그녀의 머릿결에서 몰몰 풍기던 향수가 문득문득 느껴진다.

문장 짓기

 **뭇생각**

잡다하게 많은 생각

-한 해가 저물어가니 이런저런 뭇생각이 땅거미처럼 밀려온다.

-제대로 챙기지 못하는 노모를 생각하면 늘 아프다. 창문 밖에서 심란하게 불어대는 바람이 뭇생각을 일으킨다.

-비가 내리는 도로를 우산도 없이 걷자니 차량의 불빛들이 뭇생각처럼 달려든다.

-출판사가 몹시 어려울 때, 잠자리에 누우면 온갖 뭇생각이 피어올라 숨이 막혔다.

문장 짓기

 된길

몹시 힘이 드는 길.

-삭정이 같은 노모의 손을 보면 지나온 된길의 자취소리가 들려온다. 오래도록 노모와 함께하기를 늘 기도한다.

-단 한 번도 된길을 벗어나지 못한 그녀의 삶이 짠하기

만 하다. 하지만 소소리 일어설 그녀의 내일을 믿는다.

-밤새도록 어둠 속을 걷다가 시나브로 터져오는 동살을 맞이하면, 그 길었던 된길에서도 환희를 느끼게 된다.

-이제 된길을 벗어나나 싶으면 또다시 백발이 찾아오는 게 인생이다. 하루하루 된길 가운데서도 인생의 참맛을 깨달을 수는 없을까.

문장 짓기

 수련하다

몸가짐이나 마음씨가 맑고 순수하다.

-스물한 살 첫사랑의 수련한 기억도 된길을 살아온 어느 날 까무룩 쓰러졌다.

-아이들처럼 영혼이 수련한 미카엘라 수녀님을 만났을 때, 나는 마치 성모님을 마주한 듯한 신비감을 느꼈다.

-이른 새벽 푸르른 들판을 걸으며 묵상을 할 때면 잠시나마 내 영은 수련해진다.

-하얀 목련이 수련한 자태를 드러내면, 불현듯 가슴에

서 숩뜨는 한 여자가 있다.

> 문장 짓기

 휘영하다

> 마음이 텅 비어 허전하다.

-가족이 있어도 외로운 게 사업하는 남자일까. 일요일 저녁 홀로 텅 빈 사무실에 앉아 있을 때면, 휘영휘영한 마음을 감출 수가 없어 술잔을 들곤 한다.
-회사가 고빗사위를 맞을 때마다 휘영한 마음을 추스르려고 밤길 트레킹을 나서곤 하였다.
-그가 떠난 이후 시도 때도 없이 휘영휘영 흔들렸던 시간이 오랫동안 아프게 이어졌다.
-수련하도록 가득 차 있는 달, 찬란하게 윤슬을 드리운 채 갯둑을 넘어올 듯 차오른 바닷물을 바라보아도 늦가을 밤의 휘영한 마음은 밤새 가실 수가 없었다.

| 문장 짓기 |

 쌩이질하다

| 한창 바쁠 때에 쓸데없는 일로 남을 귀찮게 굴다. |

-날이 어두워져 갈 길이 급한데 한 번씩 쏟아지는 소나기가 쌩이질을 해댔다.

-서둘러 떠나려는 태양을 쌩이질하듯 시커먼 구름이 서산마루에서 어슬렁거렸다.

-쌩이질을 해대는 꽃샘추위가 봄뜻을 애타도록 더디게 한다.

| 문장 짓기 |

 **반웃음**

크게 웃지는 아니하고 얼마쯤 웃는 가벼운 웃음.

-초승달이 반웃음을 치던 여름밤, 시골집 마당가에는 풀벌레 소리가 청량하였다.
-한 시간쯤 출입문을 응시하고 있을 때 그녀가 나를 발견하고는 반웃음을 치며 다가왔다.
-세상사 근심이 없을까마는 독실한 가톨릭 신자였던 할머니는 늘 평화로운 반웃음을 짓고 있었다.
-도서관에서 멀찌감치 떨어져 앉은 그녀와 우연히 눈이 마주칠 때면, 그녀는 심장이 멎을 듯한 반웃음을 보내오곤 하였다.
-산비탈에는 수줍은 듯 반웃음을 지은 홍매화의 분홍 꽃망울이 가득 달려 있었다.
-꼬마 천사 하엘이는 지 엄마 곁에서 반웃음만 지을 뿐 내게 오기를 머뭇거렸다.

문장 짓기

 소소리

> 높이 우뚝 솟은 모양

-사무실 옥상에서 소소리 솟은 시내 빌딩숲을 보면 아침저녁 새소리 청량한 시골집이 더욱 그립다. 내 꿈도 항상 저리 소소리 솟아 있다.

-이유가 뭘까. 나를 스칠 때마다 소소리 솟아 있는 그의 울뚝밸이 느껴진다.

-마을 앞 들판에서 사방을 둘러보았다. 먼발치로 소소리 솟은 산봉우리들이 정겹다.

-서너 세대가 살아가는 빌라 현관 앞에는 보름달도 쉬 빠져나가지 못할 만큼 소소리 솟은 두 그루 은행나무가 부부처럼 서 있다. 우리가 이사 오던 10년 전만 해도 어른 키만 하였는데 지금은 빌라 건물보다 높이 솟아 있는 것이다. 현관 앞에서 소소리 솟은 그들을 고개가 아프도록 쳐다보면, 나는 이들을 혼자 차지하고픈 생각이 든다. 상서로운 기운이 느껴지는 그들이다.

문장 짓기

 부릇되다

일이 잘되어 피어나다.

-쏟아지는 폭우에도 아랑곳없이 15차 도로테아 순례길을 다녀온 이후 출판계약마다 부릇되어 당신께 감사하는 요즘이다.

-가수 단야가 부르는 '다시 시작처럼'이라는 노래가 있다. 이 노래를 들으면 앞으로 다가올 일이 두루 부릇될 듯 힘이 난다.

-해드림출판사가 서서히 부릇되어 가는 데는 오랜 시간 묵묵히 참고 견뎌준 그녀의 희생 덕분이다.

-힘들고 어려워도 끄덕끄덕 살다 보면 매사 부릇될 날이 있다.

문장 짓기

 안다미로 [부사]

담은 것이 그릇에 넘치도록 많이.

-손주들에게 무엇이든 안다미로 퍼주고 싶은 마음이야 간절하지만, 항상 스스로 허기를 느낀다.

-시골집에는 아침마다 길냥이가 찾아온다. 그럴 때마다 노모는 사료를 안다미로 퍼준다.

-금식 사흘째, 안다미로 퍼담은 밥그릇이 어른거렸다.

-안다미로 채운 달이 밀물 잔잔 바다 위로 무수한 윤슬을 떨어드리고 있었다.

문장 짓기

 사랫길

논밭 사이로 난 길.

-이른 아침 이슬떨이를 하며 사랫길을 걷다 보면 바짓가랑이는 금세 젖어들었다.

-봄이 오면 사랫길 걷기가 조심스럽다. 깃 솟아난 여린 풀을 짓밟기 때문이다.

-여름밤 사랫길을 걷기 시작하면 개구리 소리가 뚝 그쳐버려 서운케 한다.

－풀벌레 소리 가득한 사랫길에는 자운영이 널브러져 있었다.

문장 짓기

 강울음

억지로 우는 울음

－선생님이 벌을 내리려 하면, 그 아이는 강울음을 터트리며 선생님께 가엾이 보이려 애썼다. 결국, 마음이 약해진 선생님은 벌을 거두어들이고 만다.
－강울음이라도 울며 슬퍼해야 하는데 도무지 입을 달싹거릴 수 없었다.
－학교에서 돌아오면 우리 집 백구는 강울음을 흘리며 정신없이 기어올랐다. 그것이 내게는 종종 위선처럼 다가왔다.
－남편 잃은 그녀가 슬피 우는 척해도 강울음이라는 것을 사람들은 미루어 짐작할 수 있었다.
－강울음을 섞어 사정사정하는 딸에게 아버지는 끝내

 국어사전에 숨은 예쁜 낱말

논밭을 팔아 목돈을 마련해주었다.

문장 짓기

보풀떨이

제힘에 겨운 일이 있을 때 모질게 악을 쓰고 덤비는 짓.

- 보풀떨이 성격을 아는지라 시장 사람들은 그녀와 가까이 하거나 거래하기를 꺼려하였다.
- 시어머니가 자신의 잘못을 보풀떨이로 덮으려 할 때마다 며느리는 외롭고 쓸쓸함을 견딜 수가 없었다.
- 온종일 전화기를 꺼둔 이유를 따지자, 도둑이 도리어 매를 들듯 아내의 보풀떨이가 시작되어 남편의 의심은 더욱 깊어졌다.
- 무슨 이유에선지 안 가겠다며 떼를 쓰는 아이를 그대로 둔 채 엄미기 혼지 기자 아이는 보풀떨이를 하며 쫓아갔다.

문장 짓기

 말추렴

다른 사람이 말하는 데 한몫 끼어들어 말을 거드는 일.

-바다를 건너온 바람이 갈대밭에서 속살거린다. 갈대들이 앞다투어 말추렴을 해주느라 소란하다.
- 하얗게 바다를 가르며 지나는 여객선이 긴 공명 같은 뱃고동을 울리자, 마주 오는 여객선도 말추렴하듯 고동을 울려주며 스쳐 간다.
-유치원 다녀온 아이가 할머니의 말추렴을 받아 유치원에서 있었던 일을 떠올리며 더듬더듬 이야기를 이어갔다.
-사무실에서 한참 출간 상담을 하다 보면 가끔 그녀가 말추렴으로 내 설명을 도와주곤 한다.

문장 짓기

쓰레하다

쓰러질 듯이 한쪽으로 기울어져 있다.

-지난밤 태풍으로 시달린 나무들이 쓰레하니 서 있어 안쓰럽게 한다.

-쓰레하니 선 채 바닷가 절벽에서 백 년을 버텨온 소나무처럼 나도 이 험한 세상에서 무너지는 일은 없을 것이다.

-이미 내 마음은 돌이킬 수 없을 만큼 그녀를 향해 쓰레하게 젖혀 있다.

문장 짓기